일생일문

일생일문

한국사를 바꾼 질문들

최태성 지음

생각정원

차례

일러두기

- 대한 제국 이후 일제 강점기를 '조선' 대신 '한국'으로 표기했으나, 상황에 따라 '조선'으로 사용한 예가 있습니다.
- 일반에서는 널리 '광개토대왕'으로 불리나, 이 책에서는 국강상광개토경평안호태왕(國罡上廣開土境平安好太王)이라는 시호를 줄여서 '광개토태왕'으로 표기했습니다.
- 이 책에 수록된 사진들은 대부분 합법한 과정을 거쳐 원본 제공과 이용 허락을 받았습니다. 그러나 일부 출처가 불명하거나 잘못 들어간 경우, 사실을 확인하는 대로 통상의 기준에 따라 승인 절차를 밟고 바로잡도록 하겠습니다.

들어가는 글

"삶을 바꾼 질문이 있으신가요?"

어느 웹진과 인터뷰할 때 받은 질문입니다. 그때 이회영 선생의 말이 떠올랐어요. '한 번의 인생, 어떻게 살 것인가'였죠. 이 문장을 처음 만났을 때, 멈칫한 기억이 있습니다. '인생, 진짜 딱 한 번이네'라는 생각이 들었지만, 잠시 후 이런 생각이 이어지더군요. '언젠가 나는 점점 작아지고 흙으로 가겠네.' 결국 이 질문은 '죽음'을 '삶' 속으로 끌고 오더라고요. 인생은 되돌아갈 수 없고 우리는 죽음을 향해 달리는데, 이제라도 '남은 삶을 어떻게 살 것인지 고민해봐야 하지 않는가'라는 큰 화두를 던져준 질문이었습니다. 게다가 이회영 선생은 실제로 끊임없이 스스로에게 이 질문을 하셨거든요. 저도 그 질문을 따라가고 싶다는 생각이 들었어요.

자기만의 질문을 품은 사람이 어디 이회영 선생뿐일까요? 역사를 공부하다 보면, 수많은 사건 속에는 그 힘든 상황과 시기를 벗어나기 위해 몸부림치는 '사람'이 있습니다. 그 '사람'이 왕이든 백성이든 역사 속 모든 삶에는 우리가 깊이 새겨야 할 시대적 고민과 질문이 숨어 있다는 것을 발견하게 됩니다.

박병선 박사는 프랑스 국립도서관의 사서로 일하며 병인양요 때 약탈당한 의궤를 찾기 위해 안간힘을 씁니다. 이역만리 타지에서 고군분투한 그의 삶 덕분에 우리는 마침내 의궤들을 되찾았습니다. 그에게 의궤는 일생을 바쳐 되찾아야 할 '가슴 뛰는 무엇'이었습니다. 신라의 킹메이커인 김유신도 그렇습니다. 그에겐 치명적인 약점이 있었습니다. 바로 가야 출신이라는 한계였죠. 그는 '약점과 한계를 넘어서는 그 무엇'을 끊임없이 고민했을 겁니다. 그리고 결국 김춘추라는 파트너를 선택해 원하던 바를 이루어낼 수 있었습니다. 이뿐일까요? 불평등과 차별을 이겨내고자 '더 나은 세상은 가능한가?'라는 질문을 품은 동학 운동의 농민들, '다음 세대에게는 다른 세상을 물려주려 했던' 3·1운동의 이름 모를 남녀노소들, 그리고 '민족의 힘과 뿌리는 어디에 있는가?'를 캐물으며 우리의 말과 글을 지키고자 했던 조선어학회의 회원들까지. 우리 역사는 이렇게 삶의 화두에 거침없이 뛰어들어 자신만의 질문을 던졌던 작은 용기들의 역사인 것입니다.

"우리는 왜 역사를 배워야 할까요?"

역사는 수많은 사람의 경험이 가득 담긴 데이터베이스입니다. 그 양이 너무도 방대해 우리가 선택하고 책임져야 할 미래의 모습이 거의 담겨 있다고 해도 과언이 아닙니다. 우리는 그 역사의 이정표를 참고삼아 오늘을 살아갈 수 있습니다. 그러니 미래를 향한 길 위에서 '나는 어떻게 살 것인가?', '왜 내 삶은 불행한가' 하는 불안에 너무 사로잡히지 마세요. 우리의 걱정에 대한 답을 일생으로 보여준 옛 사람이 이렇게나 많이 있으니까요.

물론 역사의 이정표는 어느 한 방향만을 가리키는 고정된 것은 아닙니다. 예를 들어 홍범도 장군의 유해가 긴 여정 끝에 다시 조국의 품으로 돌아왔습니다. 봉오동 전투와 청산리 전투를 승리로 이끈 홍범도 장군은 스탈린의 강제 이주 정책에 의해 근거지인 연해주를 떠나 중앙아시아에서 극장 문지기를 하며 생을 마쳐야 했습니다. 대한민국은 그곳에 잠들어 계신 홍범도 장군을 최정예 공군기를 보내 호위하여 현충원에 모셨습니다. 책에서만 접했던 위인을 동시대에 만날 수 있다는 것만으로도 저는 역사책이 갑자기 살아 움직이는 듯한 느낌을 받았습니다. 하지만 그도 잠시, 온라인에는 다른 시선도 공존했습니다.

이처럼 역사는 과거와 현재의 만남입니다. 해석하는 사람에 따라 다양한 결과가 나오는 게 당연합니다. 한 사람의 삶을 바라볼 때도 이토록 다양한 시선이 존재하는데 셀 수 없이 많은 궤적의 집합이라 할 수 있는 역사는 오죽하겠습니까. 정답이 없는 질문이라니, 머리가 혼란스러워집니다. 이럴 때 필요한 것이 나만의 시선, 바로 '관점'입니다. 다양한 맥락 속에서 물살에 떠밀리듯 이리 치이고 저리 치이며 상처투성이로 고통받지 않으려면 나만의 관점을 만들어야 합니다.

이 책에는 사건과 인물을 바라보는 저의 '시선'이 담겨 있습니다. 저는 기본적으로 수험생을 위한 강의를 하는 사람입니다. 그 강의는 시험 문제를 잘 풀어내는 것을 목표로 하고요. 하지만 저는 역사를 전공한 사람이기도 합니다. 역사의 본질이 사람을 만나는 인문학이라는 사실을 도외시하고 싶지 않았습니다. 그 본질에 충실하고자 수험서에도 역사를 바라보는 '시선'을 담고자 애를 써왔습니다. 가끔 '왜 시험과 관계없는 이야기를 하느냐'는 투정 어린 댓글을 받을 때도 있습니다. 늘 수험생들의 목소리에 가장 먼저 귀를 기울이려 노력하지만, 이 부분만큼은 수정하거나 양보하고 싶지 않더군요. 역사를 향한 '시선'은 결국 나 자신을 바라보는 '시선'으로 귀결된다고 믿기 때문입니다.

예를 들면 이런 겁니다. 삼국의 통일을 이야기하면서 단순히 신라가 삼국을 통일했다는 팩트 전달에서 그치는 것이 아니라, 고구려, 백제, 신라 삼국 중에서 가장 후발 주자였던 신라가 결국에는 통일의 주인공으로 우뚝 서는 모습을 통해, 인생을 바라보는 '시선'을 공유하고 싶었습니다. 지금은 어렵고 힘든 모습일지라도 하루하루를 성실히 버텨낸다면 언젠가 삶을 사랑하는, 행복한 모습의 나를 만나게 된다는 이야기를 역사를 통해 공유하고 싶었습니다. 책을 읽으시다가 설령 여러분의 시선과 제 시선이 엇갈리더라도 그 또한 다양한 시선 중 하나라고 생각해 주시면 고맙겠습니다.

저는 행복해지기 위해 역사를 배웁니다. 한 번뿐인 인생, 제게 남아 있는 시간들을 후회 없이 살고 싶기 때문입니다. 여러분도 흔들리지 않기 위해, 상처받지 않기 위해, 행복을 향해 뚜벅뚜벅 나아가기 위해 역사와 마주하셨으면 좋겠습니다.

여러분, 행복하세요.

큰별쌤 최태성이 올립니다.

1부

나를 여는 열쇠, 질문

"자신에게 질문하라.
질문하는 사람은 답을 피할 수 없다."

- 카메룬 속담

一
生
一
問

첫 번째 질문

삶의 마지막 순간, 무슨 말을 남길 것인가

인생의 나침반

유언[遺言]

: 죽음에 이르러 남기는 말.

떠나는 자에게는

삶의 마침표가 되는 말

남겨진 자들에게는

삶의 출발점이자 지향점이 되는 말

터키 변방의 섬에서
노르웨이의 마을에서
생을 마감한 멕시코에서

열여덟 살,
전제 군주 체제를 반대하며 싸우다 투옥당한 이후
삶의 대부분을 유배지에서 보냈지만
단 한순간도 혁명을 위한 노력을 멈추지 않은
러시아의 혁명가

예순의 나이로

머나먼 이국에서 생을 마칠 때까지

그가 끝내 포기하지 않은 신념

"의식을 깨친 이래
43년의 생애를 나는 혁명가로 살아왔다.
특히 그중 42년 동안은
마르크스주의의 기치 아래 투쟁해왔다.
내가 다시 새로이 시작할 수만 있다면
이런저런 실수들을 피하려고 노력할 것은 물론이지만,
내 인생의 큰 줄기는 바뀌지 않을 것이다.
…
방금 전 나타샤가 마당을 질러와
창문을 활짝 열어주었기에,
공기가 훨씬 자유롭게 내 방 안으로 들어오게 됐다.
벽 아래로 빛나는 연초록 잔디밭과
벽 위로는 투명하게 푸른 하늘,
그리고 모든 것을 비추는 햇살이 보인다.

인생은 아름다워라!
훗날의 세대들이
모든 악과 억압과 폭력에서 벗어나
삶을 마음껏 향유하게 하자!"

1940년 2월 27일 멕시코 코요아칸에서 남긴 유언

레온 트로츠키

1879~1940

진시황 이래

2,000년간 왕이 통치해온 중국

조국의 오랜 봉건 사회를 완전히 뒤엎고

열강이 비롯하는 식민지에서 벗어나

더 넓은 아시아 공동체를 상상한

혁명의 지도자

한국의 독립운동을 지원하고,

대한민국 임시 정부 창립에 일조했던 그가

죽음의 순간까지 놓지 않은 간절한 염원

"나는 30년 동안
중국의 자유와 평등을 얻기 위한
국민혁명에 모든 힘을 다했다.

그간의 경험을 통해
반드시 민중에 호소해 궐기시키고
세계에서 우리를 평등하게 대하는 민족과 연합해
공동으로 분투해야 한다는 사실을 알게 되었다.

현재는 아직 혁명이 성공하지 못했다.
나의 동지들은 … 계속 노력하고 관철해달라."

쑨원

1866 ~ 1925

그 어떤 역경과 위기에도

가고자 하는 방향과 목표를 잃지 않겠다는

인간의 의지

그것이

유언을 떠올리며 사는

삶의 힘이자

미덕이다.

“내가 열일곱 살이었을 때, 이런 글을 읽은 적이 있습니다. ‘만일 하루하루를 당신 인생의 마지막 날인 것처럼 산다면, 당신은 분명히 옳은 사람이 되어 있을 것이다.’ 이 구절은 내게 감동을 주었고, 이후 33년 동안 나는 매일 아침 거울을 보면서 스스로에게 이렇게 물었습니다. ‘오늘이 내 인생의 마지막 날이라면, 내가 오늘 하려던 것을 할까?’ 그리고 여러 날 동안 그 답이 ‘아니오’일 때, 나는 변화가 필요함을 깨닫습니다.”

애플의 전 CEO 스티브 잡스가 2005년 스탠퍼드 대학 졸업식에서 한 연설입니다. 아이폰, 아이패드 등을 통해 창조와 혁신의 아이콘으로 자리한 잡스의 성공 비결은 여러 가지가 있겠지만, 오늘이 생애 마지막 날인 것처럼 하루하루를 소중하고 중요하게 대한 태도를 그 비결의 하나로 꼽는 사람이 많습니다. 단 하루도 허투루 보내지 않았던 그 뜨거운 열정이 그의 성공을 이끌었다는 것이죠.

한번 생각해볼까요? 오늘이 우리에게 주어진 마지막 날이라면, 무엇을 하고 싶으세요? 그리고 삶에 작별을 고하는 마지막 순간, 어떤 말을 남기고 싶으신가요? 저는 마지막 날 무엇을 할지는 아직 정하지 못했지만, 눈을 감을 때 하고 싶은 말은 이미 결정했습니다. 전 재산을 팔아 독립운동을 펼친 우당 이회영 선생은 평생 '한 번의 인생, 어떻게 살 것인가'라는 질문을 품고 사셨는데, 그분이 내놓으신 답이 이거였어요.

"내 일생으로 답했다."

자신이 목표한 바를 평생에 걸쳐 실천했다는 의미인데, 저 역시 일생으로 답하고 싶습니다. 답은 준비돼 있는데, 그 답을 정말 이야기할 수 있을지는 모르겠습니다. 다만 눈을 감는 순간 후회가 남지 않도록, 제 삶을 부끄러워하지 않도록, 오늘도 최선을 다할 뿐입니다.

물론 저는 감히 이회영 선생처럼 나라의 독립 같은 거창한 목표에 일생을 걸지는 못합니다. 다만 제가 잘하는 것을 열심히 할 뿐입니다. 우리 역사를 널리, 바로 알리는 것이 우리 사회에 조금이나마 기여하는 길이라는 믿음으로, 초등학생부터 성인까지 누구나 한국사를 무료로 마음껏 배우고 익힐 수 있는 환경을 만드는 데 도움이 되고자 노력하고 있습니다. 앞으로도 계속 그럴 거고요. 그래서 나중에 "부족하지만 그래도 내 일생으로 답했다"라는 이야기, 이 준비된 말을 꼭 하고 싶은 것이 제 꿈입니다.

'삶의 마지막 날, 무슨 말을 남길 것인가?'

이 질문을 품고 살아가는 사람은 하루하루를 헛되이 보내지 않을 겁니다. 지금껏 살아온 인생을 정리하는 마지막 날, 지난 모든 시간을 돌아보며 남길 한마디, 그 한마디의 의미와 중요성을 떠올리며 산다면, 나태해지고 게을러지고 싶은 순간순간의 유혹에도 굳건히 버틸 수 있을 테니까요. 그 한마디는 곧 삶의 목표이자 지향점, 즉 인생의 나침반이 되겠죠. 제가 이회영 선생의 유언을 제 마지막 날의 한마디로 정했듯, 지금 이 책을 읽고 있는 여러분의 마지막 한마디에 이정표가 될 만한 말들, 그 말들을 남긴 인물들을 함께 만나보려고 합니다.

먼저 김약연 선생입니다. 독립운동가이자 교육가였던 그는 국운이 기울자 전 재산을 팔아 북간도로 떠났습니다. 그곳에서 식솔들과 함께 5만여 평의 땅을 매입해 한인촌을 건설했죠. 이곳이 동방, 즉 '한반도를 밝히는 곳'이라는 뜻을 지닌 '명동촌'입니다. 김약연은 명동촌을 조국을 다시 일으켜 세울 인재를 기르는 곳으로 만들고자 했습니다. 그렇게 한국 최초의 신학문 민족교육기관인 서전서숙과 서전서숙을 계승한 명동학교가 세워졌습니다.

이 학교의 수업은 말하기와 글쓰기가 핵심이었는데, 글과 말에 반드시 '애국'과 '독립'이라는 두 단어가 들어가야 점수를 받을 수 있었다고 합니다. '독립을 위한 인재 양성'이라는 명확한 교육 목표가 드러나는 부분이죠. 토론과 강의에서 다루는 주제 역시 심도 있었습니다. '자유가 중요한가, 돈이 중요한가', '시대가 영웅을 낳는가, 영웅이 시대를 만드는가' 같은 주제들을 함께 고민하면서, 역사적 소양을 갖춘 독립 투사들을 키워냈다고 합니다.

이렇듯 명동학교는 개교 후 17년간 수많은 애국 청년을 길러냈는데, 안타깝게도 날로 거세지는 일제의 탄압에 결국 문을 닫게 됩니다. 그때까지 배출한 졸업생이 1,000명 정도였는데, 거기서 정말 많은 인재가 쏟아져 나왔죠. 대표적인 인물이 나라 잃은 민족의 애환을 다루며 많은 사람의 눈물을 쏙 빼놓은 민족 영화 〈아리랑〉을 만든 감독 나운규, 너무나 유명한 저항 시인 윤동주 등입니다. 명동학교는 교육이나 학교가 왜 중요한지, 학교와 교육이 어떤 의식을 담고 있어야 하는지를 극명하게 보여주는 사례라 할 수 있습니다. 이처럼 평생 인재 양성에 힘쓴 민족 교육자 김약연, 그가 눈을 감는 순간 제자들이 유언을 부탁하자 이렇게 말했다고 합니다.

"내 모든 행동이 곧 나의 유언이다."

'내가 어떻게 살아왔는지 너희들은 이미 다 보지 않았느냐, 그 행동대로 하면 된다'라는 의미였을 겁니다. 자신의 삶에 대한 자신감, 그리고 그 자신감을 갖기까지 그가 기울였을 엄청난 노력이 느껴지는 말이 아닐 수 없습니다. 스스로 삶을 돌아보고 끊임없이 정제하는 의지의 유언이라 할 수 있죠. 저는 그의 삶에 대한 자신감보다 그 자신감을 갖기까지의 과정에 뜨거운 박수를 보내고 싶습니다. 평생 자신의 뜻을 지키고 펼치는 과정이 얼마나 고되고 힘겨웠을지 짐작조차 할 수 없기에, 절로 고개가 숙여질 따름입니다.

다음으로 만나볼 인물은 이름이 좀 많습니다. 김창암, 김창수, 김두호, 원종, 김두래, 장진구, 장진…. 이 이름 모두가 한 사람의 것인데 혹시 누군지 아시겠어요? 바로 백범 김구 선생입니다. 김구는 살아생전 총 아홉 개의 이름을 썼는데, '김창암'은 그의 아명이고, '김창수'는 동학에 입교하면서 쓴 이름입니다. 김창수일 때의 김구는 치하포에서 만난 일본인 스치다 조스케를 명성황후 시해범으로 오해해 살해하고 이로 인해 감옥에 갇혔다가 탈옥하는데, '김두호'는 이때 신분을 숨기고자 쓴 가명입니다. 이후 지방을 떠돌다 공주 마곡사에서 출가해 '원종'이라는 법명을 받았고, 다시 속세로 나오면서 '김두래'라는 이름으로 생활했습니다. 그리고 스물다섯 살 때 마침내 '김구'라는 이름을 사용하는데, 이때의 구는 '거북 구(龜)'였습니다.

우리가 아는 '아홉 구(九)'를 쓰게 된 건, 항일 비밀결사 신민회 활동을 하다 안악 사건에 연루돼 형을 살다 출소하면서입니다. '아홉 구'로 정한 이유에 대해서는 여러 가지 설이 있는데, 그중 하나는 "열 사람이 있으면 그중 아홉 번째에 해당하는 사람이 되고 싶다"라는 뜻이었다는 겁니다. 사실인지는 알 수 없으나, 늘 겸손하고 다른 사람들을 존중했던 그의 모습을 떠올리면 설득력 있는 설인 것 같기도 합니다.

그 뒤로도 김구의 이름은 몇 번 더 바뀝니다. 본격적으로 독립운동을 펼치면서 일제의 감시를 피해 장진구, 장진 등의 이름을 갖고 중국인 행세를 하다, 1938년 그의 나이 예순셋이 되어서야 비로소 김구라는 이름을 당당히 밝히고 이후 계속 그 이름으로 살아갔습니다.

김구는 이름뿐 아니라 종교도 많았습니다. 우선 어렸을 때는 과거 시험을 준비하면서 자연스레 유교를 공부했고, 그러다 앞서 살펴봤듯 동학에 입도했고, 마곡사에서 출가하면서 불교에 귀의했으며, 1903년 신민회를 통해 애국 계몽 운동을 하면서는 기독교에 입교했습니다. 아홉 개의 이름, 네 개의 종교. 그는 왜 계속 이름과 종교를 바꿨던 걸까요? 이 모든 과정에서 김구의 목표는 하나였습니다.

'어떻게 나라를 구할 것인가.'

KBS 1TV 〈역사기행 그곳〉을 통해 김구 선생의 여정을 따라간 적이 있는데, 그가 믿은 종교들에 대해 들은 개그맨 이윤석 씨가 이런 말을 하더군요.

"그분의 종교는 '독립'일 수도 있겠네."

맞습니다. 김구는 나라의 독립을 위해, 그 하나의 목표를 위해 많은 변화를 감내한 것입니다. 김구는 조국을 위해 평생을 바친 정치가이자 독립운동가였죠. 한인 애국단을 조직해 이봉창과 윤봉길의 의거를 지휘했고, 대한민국 임시 정부 주석이 된 후에는 한국 광복군을 창설하고 대일항전을 이끈 주인공이기도 하죠. 그의 유언은 따로 전해지지 않습니다만, 대신 그가 유언이자 자서전으로 써 내려간 책《백범일지》가 남아 있습니다. 이 책에서 그는 조국에 대한 간절함을 이렇게 표현합니다.

"네 소원이 무엇이냐?" 하고 하느님이 내게 물으시면,

나는 서슴지 않고 "내 소원은 대한 독립이오" 대답할 것이다.

"그다음 소원은 무엇이냐?" 하면,

나는 또 "우리나라의 독립이오" 할 것이요,

또 "그다음 소원이 무엇이냐?" 하는 세 번째 물음에도

나는 더욱 소리를 높여

"나의 소원은 우리나라 대한의 완전한 자주 독립이오" 하고 대답할 것이다.

우리가 매일 일상을 영위하는 대한민국, 우리에게 이 대한민국은 어떤 의미일까요? 공기와도 같이 그저 늘 존재하는 나라? 우리에겐 '당연한' 이 나라가 누군가에겐 온 생을 다 바쳐서 보고 싶었던, 그리고 살고 싶었던 나라였음을 기억하세요. 김구가 간절하게 바란 독립된 나라에 지금 우리가 살고 있다는 사실을 말입니다. 그렇다면 김구는 구체적으로 어떤 나라를 꿈꾸며 첫째도, 둘째도, 셋째도 소원은 독립이라고 말했을까요? 거기에 대해 김구는 또 이렇게 답합니다. 정말 제 가슴에 와 닿은 김구가 꿈꿨던 나라는 바로 이런 나라입니다.

"

나는 우리나라가 세계에서
가장 아름다운 나라가 되기를 원한다.
가장 부강한 나라가 되기를 원하는 것은 아니다.
내가 남의 침략에 가슴 아팠으니
내 나라가 남을 침략하는 것을 원치 아니한다.
우리의 부는 우리 생활을 풍족히 할 만하고,
우리의 힘은 남의 침략을 막을 만하면 족하다.
오직 한없이 가지고 싶은 것은
높은 문화의 힘이다.
문화의 힘은 우리 자신을 행복하게 하고,
나아가서 남에게도 행복을 주기 때문이다.

"

-《백범일지》 중에서

문화 강국론은 정치인 김구의 내공이 고스란히 드러나는 주장이 아닐까 싶습니다. 지금 우리 대한민국이 나아가야 할 방향이 바로 '문화 대한민국'일 텐데, 김구는 이미 과거에 이를 정확하게 짚어내고 있었던 겁니다. 시대를 뛰어넘는 혜안과 통찰, 그래서 백범 김구는 지금까지도 우리와 함께 있는 인물이며, 그의 꿈은 현재 진행형이라 하겠습니다. 그의 말과 생각이 여전히 우리 가슴속에, 우리 머릿속에 생생히 살아 있는 것이죠.

내가 떠난 후에도 나의 말이, 나의 생각이, 나의 행동이 계속 살아 움직인다는 것, 얼마나 대단한 일인가요. 다르게 생각하면 그만큼 무서운 일이기도 합니다. 나라는 사람은 사라져도 나의 말, 생각, 행동은 사라지지 않는다는 것 말입니다. 우리가 이 사실만 잊지 않는다면, 분명히 좀 더 옳은 판단을 하고, 좀 더 현명한 결정을 내릴 수 있지 않을까요? 또한 우리 모두가 오늘이 마지막 날인 것처럼 살아간다면, 내가 남길 마지막 한마디를 늘 기억하며 살아간다면, 어느 마지막 날이 조금은 덜 두렵지 않을까요?

"이들이 걸어온 길이 곧 역사다."

이회영 1867~1932

서울 남산골(苧洞)에서 대대로 벼슬을 하던 부유한 명문가에서 태어났으나 노비들에게도 높임말을 쓸 만큼 열린 사고를 가진 인물이었다.
을사늑약이 체결된 이후 안창호, 이동녕 등과 함께 만주 서간도에 독립운동 기지를 건설하는 데 앞장서고, 비밀결사 신민회를 결성했다. 국권이 피탈되자 전 재산(현재 토지 가격으로 환산하면 약 2조 원)을 처분해 독립운동 자금을 마련하고 식솔 40여 명과 함께 만주로 망명해 독립운동 기지 건설에 헌신했다. 민족 교육과 독립군 양성을 위해 세운 신흥 강습소는 훗날 독립군을 양성하는 신흥무관학교로 발전한다.

김약연 1868~ 1942

함경북도 회령에서 태어났다. 외세의 침략과 수탈이 심화하자 만주 북간도 지역으로 이주해 '명동촌'이라는 한인촌을 만들었다. 이후 서전서숙을 거쳐 명동학교를 설립해 송몽규, 윤동주, 나운규 등 많은 인재를 양성하며 민족 교육에 힘썼다. 한인 자치 조직인 간민회를 조직해 간도의 대통령이라 불리며 동포 사회를 이끌었다. 3·1 운동이 일어나자 북간도 지역의 한인들을 대상으로 만세 운동을 전개했다. 평생을 만주 용정 지역에서 교육 사업에 매진했다.

一生一問

두 번째 질문

나의 때는 언제인가

매미의 7년

녹음이 짙어가는 계절

더위를 피하려 들어간 그늘마다

그루터기 한 자리를 차지하고

요란스레 더위를 부르짖는

여름의 전령사

매미

그런데 이 매미가

여름 한 철 목청껏 울기 위해 기다리는 시간이

얼마인지 아시는지.

인간도 새도 잠든 어느 밤

짧게는 2년, 길게는 7년
긴 세월을 땅속에서 숨죽이며 살았던
작은 유충들이
천적들의 눈을 피해

마침내 바깥세상으로 나온다.

인고의 기다림 끝에 마주한 세상

누가 가르쳐주지 않아도

천천히

그러나 온 힘을 다해

더 높은 곳으로 오르는

매미들의 위대한 여정

매미가 성충으로 살 수 있는 기간

단 일주일에서 보름

기다려온 날들에 비하면

터무니없이 짧은 시간이지만

자신의 소임을 다하느라

불평할 새도 없다.

유충의 허물을 벗어 던지고

바람이 잘 통하는 곳에서 젖은 날개를 말린 매미는

마침내 마주한 적당한 때에

힘차게 울어 젖힌다.

이날만을 기다려왔다는 듯

인간의 귀청이 찢어지든 말든

이렇듯 힘차게.

"맴맴맴"
"맴맴맴"
"맴맴맴"

매미의 울음소리는 여름을 알리는 대표 신호입니다. 중국 진나라의 시인 육운은 매미가 "지극한 덕을 갖춘 벌레"라고 평하며, 매미에게서 다섯 가지 덕을 배워야 한다고 했습니다. 그중 하나가 신(信)인데요, 매미는 여름철이 되면 한 해도 빠지지 않고 어김없이 자신의 할 도리를 지키어 울어대니 신의를 갖추었다는 것이죠. 그런데 매미가 그 신의를 지키기 위해, 그러니까 여름철에 목청껏 울기 위해 기다리는 시간이 얼마인지 아시나요? 무려 7년이라고 합니다. 하지만 그 오랜 기다림 끝에 맞이하는 세상 구경은 허무할 만큼 일찍 끝납니다. 성충이 된 매미는 일주일에서 길어야 한 달 정도 살면서 짝짓기를 한 뒤 생을 마친다고 합니다.

그러니까 좀 과장되게 표현하면 7일의 삶을 위해 무려 7년의 시간을 기다리며 준비한다는 것이죠. 이 정도면 그야말로 '인내의 화신'이라고 할 법한데요, 여기 매미보다 더하면 더했지 덜하지 않은 인물이 있습니다. 자신의 뜻을 펼치기 위해 7년이라는 시간 동안 숨죽인 채 칼을 간 사람, 바로 고려의 제4대 왕 광종입니다.

광종이 왕위에 오른 949년은 호족들이 나라를 쥐락펴락하던 시기였습니다. 본디 고려는 호족 연합 정권으로 출발했기 때문이죠. 고려를 건국한 태조 왕건은 유력 호족들을 포섭하기 위해 혼인 정책을 펼쳤는데, 그 결과 아들만 25명이나 되었죠. 이처럼 왕위를 이어받을 후계자가 많다 보니 태조 사후 호족 출신 외척들 사이에서 왕위 계승을 둘러싼 다툼이 벌어졌고, 따라서 왕권은 매우 불안할 수밖에 없었습니다.

실제로 태조를 이어 혜종이 즉위하자, 호족들이 보낸 자객이 왕의 처소에 몰래 침입하는 사건이 벌어지기도 했습니다. 왕을 죽이려 한 역모인데, 혜종은 잘못 건드렸다가 호족이 반란이라도 일으킬까 두려워 제대로 조사조차 하지 못했습니다. 당시 호족들의 힘이 얼마나 강했는지 보여주는 대목입니다. 왕임에도 호족들의 눈치를 살피며 그저 공포와 두려움에 떨 수밖에 없었던 혜종은 매일 뜬눈으로 밤을 지새웠고, 결국 신경증이 심해져 재위 2년 만에 죽고 맙니다. 그 뒤를 이은 동생 정종 역시 혜종의 비극적인 결말을 보며 호족 세력을 제압해 왕권을 강화하고자 노력했으나, 성공하지 못하고 재위 4년 만에 병사하고 말았습니다.

이처럼 호족들의 기세에 짓눌려 시름하다 요절한 형들의 뒤를 이은 왕이 광종입니다. 그는 혜종과 정종이 왕권이 약해 아무것도 하지 못한 채 그저 죽어가야만 했던 비참한 상황을 직접 목격했습니다. 왕권이 바닥에 떨어진 시기, 아무런 힘도 가지지 못한 데다 목숨까지 위태로운 자리에 오른 광종은 어떻게 했을까요? 막강한 힘을 발휘하는 호족의 편에 섰을까요, 아니면 '그래도 내가 왕인데 이렇게 살 순 없지' 하면서 호족과 맞섰을까요? 여러분이라면 어떻게 했을지 한번 생각해보세요.

광종은 둘 중 어느 쪽도 선택하지 않았습니다. 그는 그냥 가만히 있었습니다. 왕이라는 호칭만 가진 채 정말 아무것도 하지 않고 시간을 보낸 거죠. 그러다 보니 호족들도 딱히 그를 경계하거나 해하려 하지 않았습니다. 자기들에게 위협도 되지 않고 고분고분 말 잘 듣는 허수아비 왕이니 신경 쓸 필요가 없었던 거죠. 그렇게 한 해 한 해 세월이 흘러 어느덧 7년이 지난 956년, 허울뿐인 왕으로만 살던 광종은 갑자기 놀라운 선언을 합니다.

"삼한 통일 때 억울하게 호족의 노비가 된 자들을 조사하고 살펴 옳고 그름을 가리도록 하시오."

바로 노비안검법을 실시한 것입니다. 노비안검법 선포는 이제 더 이상 피하지 않고 호족들과 정면승부를 하겠다는 선언이자, 개혁을 시작하겠다는 의지의 표현이었습니다. 당시 전쟁 포로로 잡혀서 억울하게 노비가 된 이가 많았는데, 노비안검법은 이처럼 불법으로 노비가 된 사람들을 안검, 즉 자세히 조사해서 다시 일반 양민으로 돌려놓겠다는 정책이었습니다. 당연히 호족들은 깜짝 놀랐습니다. 아무 생각 없고 나약한 줄만 알았던 왕이 갑자기 급진적인 정책을 떡하니 내놓았으니까요.

호족들은 놀라움을 넘어 위협을 느꼈습니다. 그동안 호족이 지닌

막강한 힘은 군사력에서 비롯됐고, 그들이 거느린 사병 대부분이 노비였던 터라 노비들을 다시 양민으로 돌려놓으면 호족의 힘이 약해질 게 뻔했기 때문입니다. 그냥 두고 볼 수 없는 일이었죠. 미국 남부 지역에서 격렬하게 반발했던 링컨의 노예해방선언처럼 광종의 노비안검법도 반발이 엄청났습니다. 광종의 왕비인 대목 왕후까지 나서서 반대할 정도였죠. 하지만 광종은 꿈쩍도 하지 않았습니다.

사실 고려의 노비 해방은 노비안검법이 처음은 아닙니다. 태조 왕건 역시 개국 직후 생활의 어려움 때문에 노비로 전락한 자들을 조사해 원래 신분으로 돌려준 적이 있습니다. 광종은 선대왕의 선례를 들어 "그때처럼 불법적인 방법을 통해 억울하게 노비가 된 자들을 원래 신분으로 환원하는 것뿐"이라며 호족들을 설득했고, 반박할 논리를 찾기 어려웠던 호족들은 결국 수긍하게 됩니다.

노비안검법이 실시되면서 호족들은 경제적·군사적으로 큰 타격을 입습니다. 하지만 고려 정부는 세금을 낼 인구가 증가하면서 나라 살림이 나아졌죠. 노비는 주인의 재산이라서 세금을 내지 않았는데, 노비 해방으로 양인이 늘어 그만큼 조세 수입도 오른 것입니다. 이렇게 국가 재정을 확보한 광종은 그로부터 2년 후인 958년, 또다시 호족들이 예상하지 못한 정책을 시행합니다.

"앞으로 유교적 지식을 갖춘 능력 있는 자들을 시험을 통해 관리로 선발하겠다."

이는 과거제를 실시하겠다는 선언으로, 호족들을 향한 강력한 경고와 다름없었습니다. '너희들은 개국공신이라는 이유로 이제껏 잘 먹고 잘 살았지만, 너희 자녀들부터는 그럴 수 없다. 왕인 내가 실력을 평가해 관료를 뽑겠다'라는 뜻이었죠. 노비안검법이 경제적 개혁이라면, 과거제는 정치적 개혁이었습니다. 광종이 과거제를 시행하면서 고려는 '칼의 시대'에서 '붓의 시대'로 넘어가게 되었지요. 또한 이전까지는 관료 등용에서 '신분'만 보았는데, 이제 '실력'을 따지게 된 것입니다. 칼에서 붓으로, 신분에서 실력으로 넘어가는 획기적인 분기점에 있는 제도가 바로 과거제였죠.

호족들은 그제야 광종의 속내를 알아차렸습니다. '아, 이 인간이 그동안 바보처럼 가만히만 있었던 게 아니구나. 우리 몰래 우리를 내치려 칼을 갈아온 거구나!' 하고 뒤늦게 깨달은 거죠. 호족들은 우리가 고려를 세우는 데 어떤 역할을 했는데, 지금 개국공신에게 뭐 하는 거냐고 들고 일어났습니다.

이게 바로 광종의 한 수였던 것 같습니다. 광종의 최종 목표는 호족을 숙청해 왕권을 강화하는 거였는데, 아무런 명분 없이 호족들을 내칠 수는 없었지요. 호족들을 쳐내기 위해서는 정치적 명분, 그러니까 그들이 왕에게 대드는 역모 같은 것이 필요했던 겁니다. 그래서 광종은 하나씩 치밀하게 단계를 밟은 것으로 보입니다. 노비안검법을 시행해 호족들의 군사력을 약하게 만들어놓고, 과거제 실시로 호족들이 반발하자 '감히 왕에게 대들다니, 이것은 역모다!'라는 명분을 내세워 이미 힘이 많이 빠진 호족들을 숙청해버린 것이죠. 진짜 대단하다는 생각이 들지 않으세요? '내가 이것을 던지면 상대는 이런 반응을 보일 것이다. 그럼 나는 그 반응에 이렇게 대응하면 된다', 이게 철두철미하게 계산된 사람입니다. 그러니까 광종은 7년 동안 아무것도 하지 않았던 게 아니라 때를 기다렸던 겁니다. 그 7년간 그는 자신에게 계속 이런 질문을 던지지 않았을까요?

'나의 때는 언제인가?'

허수아비 왕이라는 모욕과 멸시에도 그는 오직 자신의 질문에 집중했을 겁니다. 호족들이 기세등등하게 왕실과 나라를 자기들 뜻대로 하는 세상에서, 자신의 뜻을 펼치고 고려를 개혁할 때가 언제인지를 계속 고민하며 차근차근 준비해온 것이죠.

실제로 그 시간 동안 광종은 여러 방면으로 힘을 쌓았습니다. 몰래 중소 귀족을 포섭하고 민심을 얻으면서 정치적 기반을 다지는 한편, 정치 관련 서책을 섭렵하며 그 이론을 달달 외웠습니다. 당시 그는 당 태종이 신하들과 나눈 정치 문답을 적어둔《정관정요》를 손에서 놓지 않았다고 합니다. 제왕학의 교과서라 칭송받는 책을 읽으며 자신의 때를 도모한 것이죠.

무엇보다 광종은 호족과 연줄이 닿지 않아 진정한 자기편이 되어줄 사람을 찾아다녔습니다. 그러다 만난 사람이 중국에서 귀화한 쌍기입니다. 쌍기는 뛰어난 능력을 인정받아 금세 문병(대재학)이 되었습니다. 과거제는 그런 쌍기의 건의로 시행되었죠. 이후 광종은 다른 외국인들도 계속 등용했는데, 덕분에 외국인 인재들이 '기회의 땅' 고려로 모여들었고, 이들은 든든한 왕의 편이 되어 광종을 물심양면으로 도왔습니다. 그렇게 광종은 왕권 강화와 개혁이라는 두 마리 토끼를 모두 잡는 데 성공했지요.

만약 광종이 '이처럼 왕권이 약한 시기에 왕이 되다니, 나는 때를 잘못 만났다'라며 그저 한탄만 했다면 어땠을까요? 혹은 '왕이 얼마나 대단한 자리인데, 이것들에게 본때를 보여주겠다'라며 왕위에 오르자마자 개혁을 감행했다면 어땠을까요? 광종은 자신의 '때'를 치밀하게 계산하고 철저하게 준비했기에, 개혁의 군주로 거듭날 수 있었다는 생각이 듭니다.

하지만 안타깝게도 광종은 자신의 뜻을 이루기 위해 너무나 많은 피를 봤습니다. 광종은 왕권을 빛낸(光, 빛 광) 대단한 왕인 동시에 미쳤다(狂, 미칠 광)고밖에 할 수 없는 숙청을 펼친 군주이기도 했지요. 호족은 물론 심지어 자신의 형인 혜종, 정종의 아들까지도 죽였습니다. 그래서 우리가 역사를 배우고 활용할 때는 균형 잡힌 시각과 취사선택이 중요합니다. 뜻을 이루고자 너무 많은 사람의 목숨을 빼앗은 광종의 잔혹함은 경계하고 비판해야 마땅합니다. 자신의 뜻을 관철하기 위해 7년이란 시간을 인내하며 준비한 그 노력은 새기되, 노력 이후의 그릇된 행동에 대해서는 철저히 경계해야 하는 것이죠.

광종에게도 흔들림이 찾아온 시기가 분명 있었을 겁니다. 이러다 영영 허수아비로 살게 되는 것은 아닌지 불안하고, 이토록 준비했는데 결국 뜻을 이루지 못할까 두렵기도 하지 않았을까요? 하지만 그에게는 '뜻을 펼칠 때'라는 분명한 목표가 있었고, 지금은 그때를 위해 준비하고 또 준비할 시기라는 것을 알았기에 흔들리다가도 제자리를 찾을 수 있었을 것입니다.

자기만의 질문을 품은 사람, 삶의 화두가 분명한 사람은 그 질문과 화두를 뿌리 삼아 어떤 비바람에도 굳건히 버틸 수 있습니다. 수험생이든 취업 준비생이든 혹은 직장인이든, 이토록 열심히 노력하는데 내 꿈을 펼칠 때가 정말 오긴 할지, 이렇게 시간만 잡아먹고 아무것도 이루지 못하는 것은 아닐지 불안하고 초조한 분이 많을 겁니다. 하지만 7년을 인내한 매미가 결국 세상 밖으로 나와 '맴맴' 울며 자신의 존재를 알리듯, 7년간 허수아비 왕으로 살며 개혁의 칼을 간 광종이 결국 왕권 강화와 개혁에 성공했듯, 때는 반드시 옵니다. '나의 때는 반드시 온다'라고 믿으며 흔들리지 않고 준비한다면 말입니다.

호족과 왕실,
파란만장한 경계의 시대

고려의 건국

신라 말, 혼란스러운 사회 분위기를 틈타 지방에서는 호족들이 6두품 출신 유학자, 선종 승려들과 함께 새로운 사회를 건설하고자 했다. 특히 상주 출신의 견훤은 후백제를, 신라 왕족 출신이라고 알려진 궁예는 후고구려를 건국하면서 경상도 일대로 축소된 통일 신라와 함께 후삼국 구도를 형성한다. 그러나 폭정을 이어가던 궁예가 신하들에 의해 쫓겨나면서 후고구려는 막을 내린다. 왕으로 추대된 왕건은 국호를 '고려'로 정하고 송악을 도읍으로 삼았다. 고려는 통일 신라와는 우호적인 관계를 유지하지만 후백제와는 대립 관계에 있었다. 이후 후백제에서 왕위 계승 다툼이 일어나자 견훤이 왕건에게 투항하고 신라 경순왕 역시 고려에 스스로 나라를 넘겨주면서 고려가 후삼국을 통일했다. 호족들의 도움으로 후삼국을 통일한 고려의 태조 왕건은 호족을 포섭하기 위해 유력 호족들과 혼인 관계를 맺는데, 이는 태조 사후에 호족 출신 외척 사이에서 왕위 계승 다툼이 벌어지는 원인이 된다.

정관정요

당의 전성기를 이끈 당 태종(당의 제2대 황제)이 신하들과 정치에 관해 주고받은 내용을 정리한 책이다. 8세기 초에 오긍(吳兢)이라는 역사가가 편찬했다. '정관'은 당 태종의 연호이며 '정요'는 정치의 요체라는 뜻이다. 이 책에는 당 태종의 정치 철학과 군주의 도리, 인재 등용 시 유의할 점 등이 담겨 있다. 제왕학의 교과서라는 평을 받으며 동아시아 군주와 제왕들에게 널리 읽혔다.

쌍기 생몰년 미상

중국 후주의 사신단으로서 고려에 왔다가 병이 나서 돌아가지 못했다. 광종의 눈에 들어 고려로 귀화한 후 한림학사로 임명되고 958년 최초로 실시된 과거 시험에서는 시험관인 지공거가 되었다. 쌍기는 광종에게 과거제를 처음 건의한 인물로, 이는 그간 신분에 따라 막혀 있던 관직 진출의 기회를 실력에 따라 제공하는 계기가 되었다. 과거제의 시행으로 광종은 호족의 영향력을 축소하고, 유교적 소양을 갖춘 신진 세력을 선발해 왕권을 뒷받침하는 세력으로 키울 수 있었다.

一
生
一
問

세 번째 질문

나는 누구로 살 것인가

×

영원한 쾌락

여기, 나라를 저버린 사람이 있다.

조국의 이름 대신
그가 선택한 일본 이름

기노시타 쇼조

차별받느니 스스로 조국을 떠나기로 마음먹은 이 남자는
일본으로 건너가
차라리 일본인의 양자가 되기로 결심한다.

여기, 나라를 구한 사람도 있다.

일제를 피해 상하이로 건너가 독립운동에 앞장선

한인 애국단의 1호 단원

주권을 빼앗기고 모두가 탄압받던 그때

실의에 빠진 조국을 지켜볼 수만은 없었던 그의 선택.

양손에 폭탄을 들고

현해탄을 건너 도쿄로 잠입,

일왕을 암살한다.

경찰로 들끓는 도쿄 경시청 앞

적진의 한복판에서
일왕을 향해 폭탄을 던진 직후
현장에서 자수하고 체포되는 남자.

1932년 1월 17일.
프랑스 파리의 유력 일간지 ⟨Le Petit journal illustré⟩는
그의 근황을 이렇게 전한다.

“조선인, 도쿄를 공격하다!”

L'ILLUSTRÉ

TOUS LES DIMANCHES

DU PETIT JOURNAL

GRAND HEBDOMADAIRE POUR TOUS

50c

UN ATTENTAT A TOKIO

Le Mikado venait de passer la revue de ses troupes. Il rentrait au palais dans son carrosse de gala. Une détonation retentit. Un éclair brilla. Une bombe venait d'éclater au milieu du cortège. Par un heureux hasard il n'y eut aucune victime. L'assaillant appartient à une société secrète pour la libération de la Corée. (Voir les détails page 10).

〈Le Petit journal illustré〉

'Un attentat A Tokio: 도쿄의 습격', 1932. 1. 17.

서슬이 퍼렇던 식민 통치의 시대

성공을 위해 일본인의 양자가 되어 일본 이름을 가졌던
기노시타 쇼조

그리고

독립운동가가 되어 적진 한가운데로 뚫고 들어가
그 우두머리를 향해 폭탄을 투척하고
형장의 이슬로 사라진
이봉창

같은 환경 속에서 전혀 다른 선택을 했던
두 남자의 머릿속에 든 공통의 질문

나는 대체 누구인가?
나는 누구로 살 것인가?

"일본인으로 변신하면
얼마간의 고통을 피할 수 있을 것이라
생각했으나, 이 역시 고통이었다.

조선인은 조선인으로
행세하지 않으면 거짓이다."

기노시타 쇼조(木下昌藏, 1900~1932),
이봉창(李奉昌, 1900~1932) 독립운동가

1932년 1월 8일. 이봉창은 일본의 심장부인 도쿄에서 일왕이 탄 마차에 폭탄을 던집니다. 당시 일본은 여러 나라를 식민지로 거느리고 있었는데, 일왕의 암살을 시도한 나라는 한국이 유일했습니다. 즉, 그의 시도는 누구도 상상할 수 없을 만큼 위험하고, 그만큼 위대한 일이었습니다. 폭탄의 성능이 좋지 않아 암살이 실패로 돌아가긴 했지만, 이 사건을 통해 한국과 한국인의 저항정신은 세계로 타전됩니다.

불과 몇 년 전만 해도 일본인의 양자가 되어 기노시타 쇼조라는 이름을 가지고 일본인으로 살았던 이봉창. 그런 그가 어떻게 나라를 위해 목숨을 바치기로 결심하고, 독립운동에 뛰어든 걸까요? 그의 마음, 그의 삶이 완전히 뒤바뀐 이유는 과연 무엇일까요?

기노시타 쇼조가 된 이봉창은 완벽한 일본인으로 살아가고자 했습니다. 일본 상점에서 점원으로 일하며 일본인이 좋아하는 영화와 음악을 즐기면서 하루하루를 보냈죠. 그러던 어느 날 교토에서 일왕의 즉위식이 있다는 소식을 전해 들은 그는 다른 일본인들처럼 구경에 나섭니다. 수많은 사람이 모인 자리, 자칫 일왕을 위협하는 일이 벌어질 수도 있어 경비도 그만큼 삼엄했죠. 경찰들은 길에 모인 사람들을 하나하나 검문했고, 그 과정에서 기노시타 쇼조가 한국인이라는 사실을 알게 됩니다. 그리고 단지 한국인이라는 이유만으로 그를 구금해버리죠.

이 사건으로 이봉창은 커다란 충격에 빠집니다. 일본인이 되기로 결심하고 일본인으로 살고 있었지만, 결국 자신은 한국인일 수밖에 없다는 사실, 그리고 한국인이라는 이유만으로 차별과 멸시를 받아야 하는 현실을 온몸으로 깨달은 그는 스스로에게 묻습니다.

'나는 대체 누구인가?'

한국인으로도, 일본인으로도 살아가지 못하는 자신의 정체성에 일대 혼란이 찾아온 순간, 그는 깨닫습니다. 일본인으로 살겠다고 결심했지만, 한국인으로서 일본에 당한 수모가 가슴 깊이 쌓여왔다는 것을요. 대상을 찾지 못한 채 마음속에서 끓어오르던 분노와 원한, 이것이 누구를 향한 것이었는지를 단지 한국인이라는 이유로 유치장에 갇혀 있는 동안 깨달은 것이지요. 훗날 김구를 만난 이봉창은 이렇게 말합니다.

"작년에 일본 '천황'이 능행을 한다며 지나가는 사람들에게 엎드리라고 하기에 나도 길가에 엎드려서 그 모습을 보았는데, 그때 나는 지금 내 손에 폭탄이 있다면 '천황'을 죽일 수 있지 않을까 생각했소."

자신의 마음속에 차별에 대한 저항과 그 차별의 주체에 대한 원한이 뿌리내리고 있었다는 걸 깨달은 이봉창은 자신의 인생을 송두리째 바꿔놓을 질문을 던졌던 것 같습니다.

'나는 누구로 살 것인가?'

사실 이봉창이 앞서 일본인으로 살겠다고 결심한 것은, 치열한 고민을 통한 선택이었다기보다는 급격한 시대의 변화와 흐름을 그저 따라간 것이라 할 수 있습니다. 일본이 한국을 식민지로 삼으면서 일본인만 좋은 옷을 입고 좋은 음식을 먹으니, 자신도 그렇게 살고 싶었던 것이죠. 하지만 이제 그는 자신의 정체성에 대해 진지하게 고민하기 시작합니다. 자신은 어떤 사람이 되고 싶은지, 어떤 사람이 되어야 하는지, 자신의 정체성을 스스로 규정하기로 한 것이죠.

그리고 이 질문에 대한 답으로, 중국 상하이로 건너간 이봉창은 그곳에서 대한민국 임시 정부의 김구를 만납니다. 사실 김구는 처음에 이봉창을 의심했다고 합니다. 그럴 만도 하죠. 일본어를 일본인보다 잘하고 오히려 한국어가 어눌한 한국인이라니, 혹시 일본에 매수된 스파이가 아닐까 싶기도 했을 겁니다. 게다가 이봉창은 술과 노래를 좋아해 취하면 일본 노래를 유창하게 부르며 호방하게 놀아 '일본 영감'이란 별명까지 얻었다고 하니, 그를 전적으로 신뢰하기는 쉽지 않았을 겁니다.

하지만 김구의 의심이 믿음으로 바뀐 것은 한순간이었습니다. 어느 날 김구는 우연히 이봉창이 임시 정부 요원 한 사람과 나누는 이야기를 듣게 됩니다. 이봉창은 마치 상대에게 따지듯이 묻고 있었죠.

"독립운동을 한다면서 일본 '천황'은 왜 죽이지 못합니까? 나는 이해하기 어렵습니다. 일본을 타도하려면 그 우두머리를 죽여야 하는 거 아닙니까?"

"그 사람을 어떻게 죽여? 그건 무리야."

"그게 그렇게 어려운 일입니까? 기회만 주십시오. 저는 할 수 있습니다."

이 얘기를 들은 김구는 이봉창의 진심을 깨닫고 그를 첫 번째 한인 애국단 단원으로 임명합니다. 당시 대한민국 임시 정부는 큰 위기에 직면한 상태였습니다. 일본의 거센 압박으로 제대로 된 활동을 펼치지 못하다 보니, "과연 대한민국 임시 정부가 있기는 한 것이냐"는 질문까지 받을 정도였죠. 그런 상황에서 '임시 정부는 여전히 존재한다, 우리는 지금도 싸우고 있다'는 것을 보여주기 위해 김구가 만든 조직이 한인 애국단이었고, 이봉창은 그 애국단의 첫 번째 단원이 된 것입니다. 단원으로 임명된 이봉창은 김구에게 이런 말을 합니다.

"제 나이가 서른한 살입니다. 앞으로 31년을 더 산다 한들 재미가 있겠습니까? 인생의 목적이 쾌락이라면 31년 동안 대략 맛보았습니다. 이제는 영원한 쾌락을 위해 독립운동에 목숨을 바치겠습니다."

저는 이 대목을 읽을 때마다 뒤통수를 세게 얻어맞은 듯해 늘 말문이 막히고 맙니다. '영원한 쾌락'이라는 그의 말이 지니는 생경함과 놀라움 때문입니다. 사실 독립운동가, 역사 속 위인이라고 하면 정말 존경은 하지만, 나와는 너무 다른 사람이라는 거리감을 느끼기 마련입니다. 그토록 숭고한 정신을 나 같은 사람이 어찌 감히 품을 수 있을까 싶기도 하고요. 그런데 이봉창은 우리가 그 시대에 살았다면 주변에서 쉽게 만났을 이웃집 청년처럼, 나라의 안위보단 자신의 안위가 급한 아주 평범한 사람이었습니다. 그런 그가 엄청난 전환을 맞이해 독립운동가가 되긴 했지만, 독립운동을 하는 데도 거창한 표현으로 사명감을 드러내는 대신 어찌 보면 세속적으로 느껴지는 '쾌락'이라는 단어를 쓰고 있지요.

풍류를 즐기는 모던보이였던 이봉창은 '누구로 살 것인가'를 고민하던 그 순간, 아마도 이런 답을 내렸던 게 아닌가 싶습니다. 그동안 작은 쾌락들을 추구하고 누리며 살아왔으니, 이제는 보다 크고 중요한 쾌락, 즉 나라의 독립이라는 숭고한 쾌락을 위해 살아보자고요. 사전을 찾아보면 쾌락은 '유쾌하고 즐거움'이라고 풀이돼 있습니다. 어쩌면 그가 꿈꾼 영원한 쾌락은 조국의 독립을 통해 찾아올, 모두가 차별과 멸시에서 벗어나 유쾌하고 즐거운 하루하루를 보내는 세상, 아주 평범한 일상의 소중함을 느끼고 즐기며 사는 세상이 아니었을까 싶습니다.

이후 이봉창은 '영원한 쾌락'이라는 단어를 한 번 더 사용합니다. 자신이 주장했던 일왕 암살을 실제로 거행하기 위해 길을 떠나기 직전의 일입니다. 오랜 준비 끝에 마침내 폭발물을 마련한 한인 애국단 일행은 거사를 앞두고 사진을 남겼는데요, 곧 목숨을 잃을 것이 자명한 그 시각, 카메라 앞에 선 그의 머릿속에는 과연 어떤 생각이 숨어 있었을까요. 사진을 찍기 전 이봉창은 이렇게 말했다고 합니다.

"

저는 영원한 쾌락을 얻고자

이 길을 떠나는 겁니다.

우리 모두 기쁜 얼굴로

사진을 찍읍시다.

"

1931년, 히로히토(裕仁) 저격을 선서하는 이봉창.

태극기를 배경으로 양손에는 수류탄을 들고 가슴에는 선언서가 쓰여 있다.

그리고 1932년 1월 8일, 이봉창은 신년 관병식에 참석하고 돌아가던 히로히토 일왕에게 수류탄을 던집니다. 하지만 성능이 떨어졌던 폭탄은 제대로 터지지 않았고, 암살은 실패로 돌아가고 맙니다. 그 자리에서 체포된 이봉창은 1932년 10월 10일, 서른두 살의 젊은 나이에 이치가야 형무소에서 순국하고 맙니다.

비록 일왕 암살은 실패로 끝났지만, 이봉창의 시도는 엄청난 결과들을 가져옵니다. 대한민국 임시 정부의 존재 자체를 의심받던 상황에서, 임시 정부가 건재함을 알림으로써 이후 많은 독립자금이 쏟아져 들어왔고, 무엇보다 일제에 탄압받던 우리 민족에게 독립을 향한 희망의 불씨를 지폈습니다.

KBS 1TV 〈역사기행 그곳〉이라는 프로그램을 통해 상하이 임시 정부를 찾은 적이 있습니다. 그때 프로그램을 함께한 개그맨 이윤석 씨가 이런 이야기를 하더군요. 그 시절 그들은 가슴에 폭탄을 품었는데, 자신은 무엇을 품고 살고 있나 하는 생각이 든다고요. 우리도 같이 고민해보면 어떨까요? 나는 지금 가슴에 무엇을 품은 채 살고 있는지 말입니다. 그 마음속 화두를 추구하며 나는 어떤 사람으로 살아갈 것인지, 즉 누구로 살고 싶은지를 생각해볼 수 있으면 좋겠습니다.

"내 소원은 오직 대한의 독립이오."

이봉창의 의거

젊은 시절에 일본인이 되고자 애썼던 이봉창은 창씨개명도 자진해서 추진했다. 심지어 3·1 운동에도 큰 관심이 없었다. 1931년 1월 한국인 거류민단 사무실을 찾아가 독립운동에 헌신하겠다고 호소했으나, 일본인 스파이로 여겨 받아주지 않았을 정도였다.

1932년 1월 8일, 도쿄 연병장에서 경시청 앞을 지나가는 히로히토를 향해 수류탄을 던졌다. 명중시키지는 못했지만, 이 거사는 한국뿐만 아니라 중국에도 큰 영향을 끼친다. 중국 국민당 기관지인 〈국민일보〉가 한국인 이봉창이 일왕을 저격했으나 명중시키지 못했다고 보도했고, 이 발언은 중국에 주둔하는 일본 군대와 경찰이 국민일보사를 습격하는 계기가 된다. 이 보도를 두고 일본이 중국 정부에 항의하는 등 중·일 관계가 매우 악화된다.

김구 1876~1949

청년 시절 동학 농민 운동에 참여하고, 교육과 계몽 운동을 전개하며 신민회 회원으로도 활동했다. 3·1 운동 직후 상하이로 망명해 대한민국 임시 정부 조직에 참여했고, 1931년 한인 애국단을 조직했다. 1940년 대한민국 임시 정부의 주석이 되어 한국 광복군을 창설했다. 광복 후에는 통일 정부 수립 운동을 전개했으나 1949년 안두희에게 암살되었다.

한인 애국단

1931년 대한민국 임시 정부의 침체를 극복하고자 김구를 중심으로 중국 상하이에서 조직한 의열 투쟁 단체이다. 일제의 주요 인물 암살과 식민 통치 기관 폭파 활동이 목적이었다. 이봉창은 도쿄에서 일왕 암살을 시도했으며 윤봉길은 상하이 홍커우 공원(현 루쉰 공원)에서 열린 일왕 생일과 상하이 사변 승리 축하 기념식 단상에 폭탄을 던져 일본군 장성과 고관을 처단했다. 이를 계기로 중국의 반한 감정이 완화되고 중국 국민당 정부가 한국의 독립운동을 적극 지원했다.

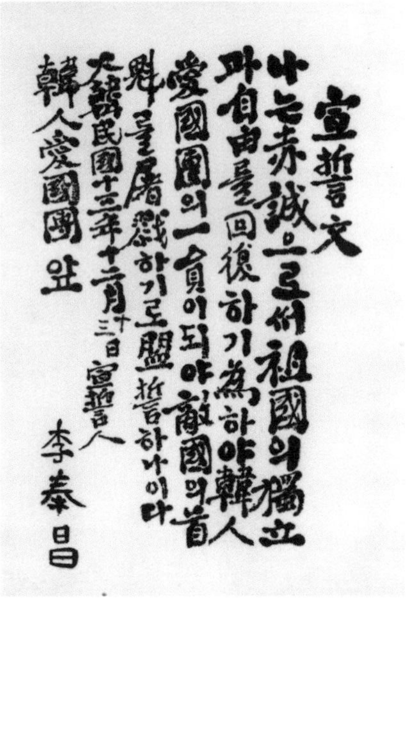
宣誓文

나는赤誠으로써祖國의獨立과自由를回復하기爲하야韓人愛國團의一員이되야敵國의首魁를屠戮하기로盟誓하나이다

大韓民國十三年十二月三十日 宣誓人 李奉昌

韓人愛國團 앞

이봉창의 한인 애국단 선서문.
“나는 적성으로써 조국의
독립과 자유를 회복하기 위하야
한인 애국단의 일원이 되야
적국의 수괴를 도살하기로
맹세하나이다.”
대한민국 13년 12월 30일 선서인,
한인 애국단 앞. 이봉창.

一
生
一
問

네 번째 질문

어떻게
원하는 것을 얻는가

×

'그래도'의 힘

딸에 대한 사랑이 지극했던 나라

고려

여성도 제사를 지낼 수 있고

아들 딸 구분 없이

균등하게 재산을 나누어 상속하는 등

가정에서 여성의 지위가 높았던 나라

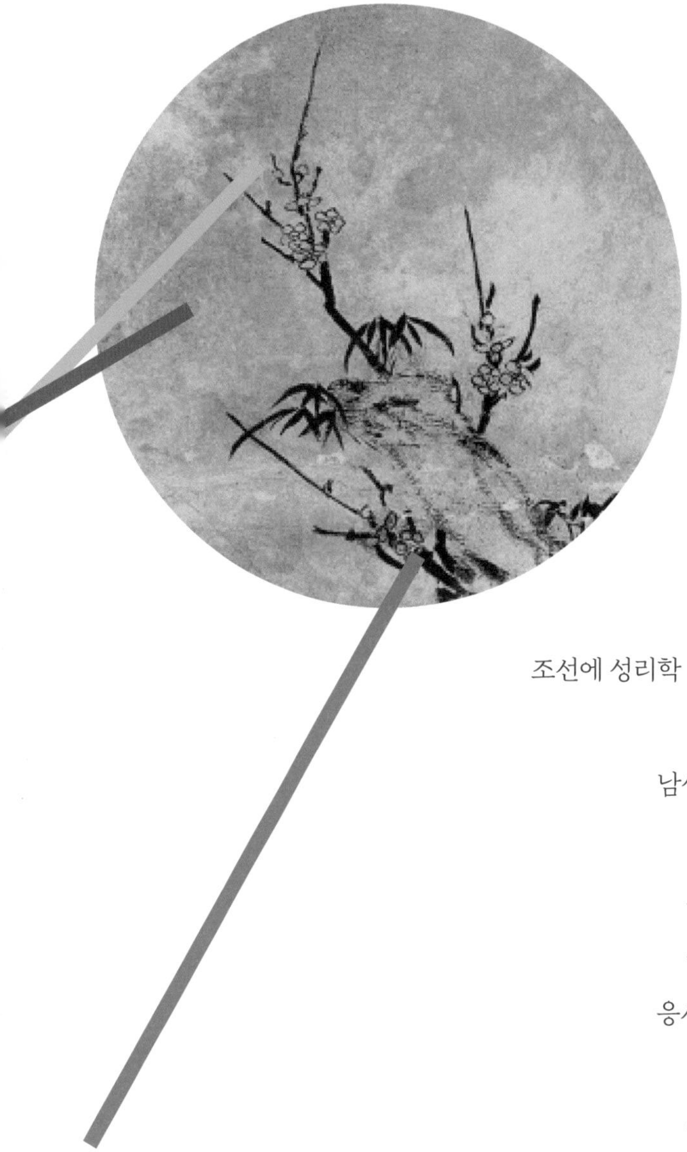

하지만

조선에 성리학 질서가 자리 잡으면서

나타나기 시작한

남성 위주의 가부장 문화

재가한 여인의 아들은

문과를 보지 못하도록

응시 자체를 불허한 시대

아들의 미래를 볼모로

여성에게 '유교적 도리'를 강요한

이 시대의 주장

"在家從父(재가종부)하고,
適人從夫(적인종부)하고,
夫死從子(부사종자)하여,
無所敢自遂也(무소감자수야)니라."

"아녀자는 무릇
어려서는 아버지를,
시집가서는 남편을,
남편이 죽으면
아들에게 순종하며
감히 스스로 일을
처리해서는 안 된다."

-《소학》, 〈명륜 편〉

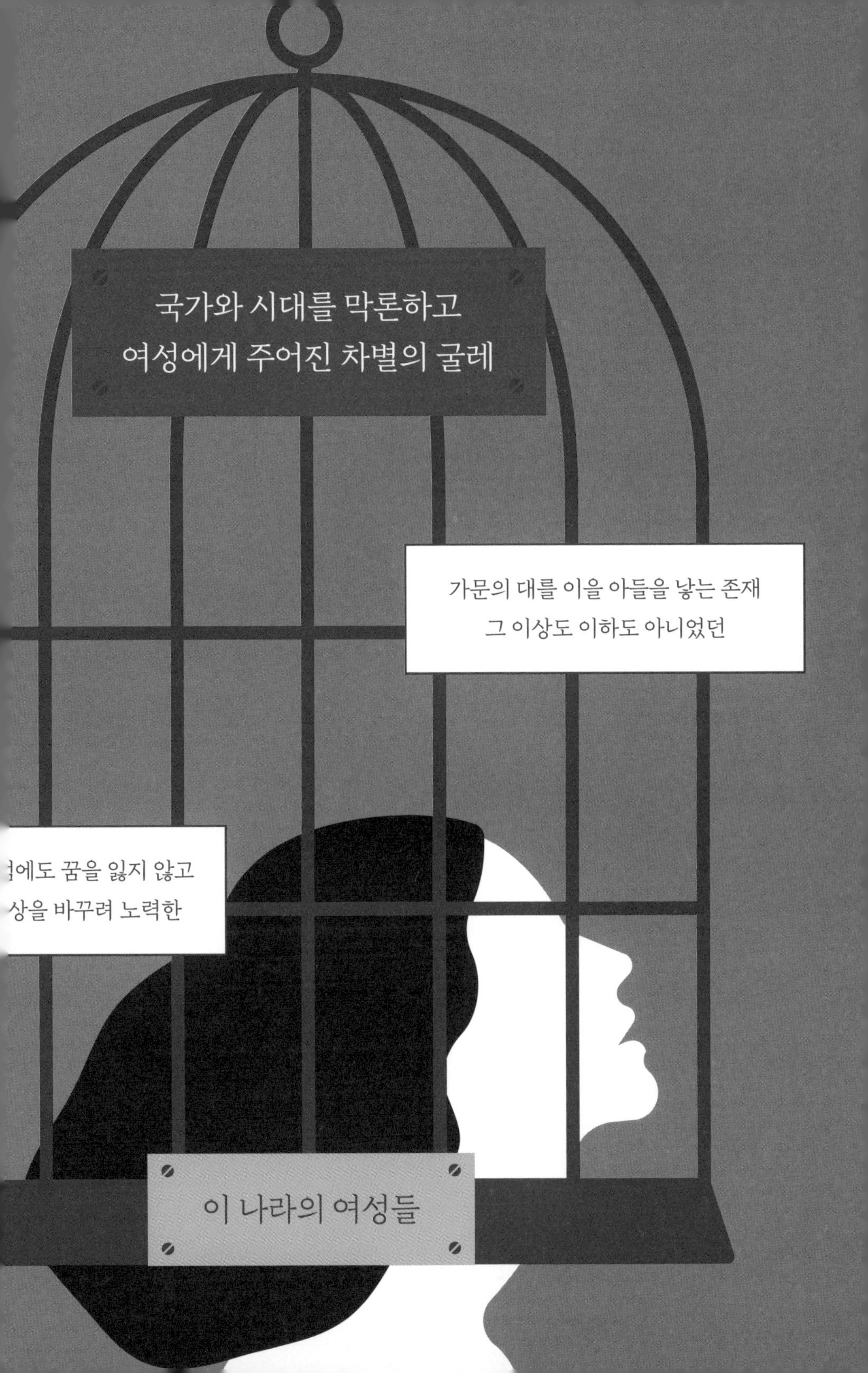
국가와 시대를 막론하고
여성에게 주어진 차별의 굴레
가문의 대를 이을 아들을 낳는 존재
그 이상도 이하도 아니었던
에도 꿈을 잃지 않고
상을 바꾸려 노력한
이 나라의 여성들

끝없이 자신을 증명해야 하는

소모적인 싸움

그래도

압도적인 능력을 발휘해

세상을 입 다물게 한

여성들

좌로부터
남자현(1872~1933)
김마리아(1891~1944)
나혜석(1896~1948)
신사임당(1504~1551)

그들이 세상과 맞설 수 있었던

‘그래도’의 힘

◆
◆

이야기를 시작하기에 앞서 잠시 그림 두 점을 감상하겠습니다.

어디서 많이 본 것 같은 그림 아닌가요? 지갑에 5,000원 지폐가 있다면 바로 확인해보세요. 5,000원 지폐 뒷면에 들어간 〈수박과 여치〉, 〈맨드라미와 개구리〉 그림입니다. 그럼 이 그림을 그린 화가는 누구일까요? 역시 지폐와 관련 있는 인물입니다. 바로 우리나라 화폐 중 가장 액수가 큰 5만 원 지폐의 주인공 신사임당이 그린 것으로 전해지고 있습니다.

신사임당 하면 현모양처라는 단어부터 떠올리시는 분이 많은데, 그 틀에 가두지 않으면 좋겠습니다. 유교적 관점에서 평가하려는 시도는 사후부터 꾸준히 있었지만, 사실 본격적인 '현모양처의 대명사'가 된 건 근대에 들어서입니다. 1900년대 을사늑약을 전후해 전개된 애국 계몽 운동에는 '현모양처'라는 이미지가 필요했습니다. 애국 계몽 운동의 핵심은 교육으로 실력을 길러 국권 피탈을 막아내자는 것이었는데, 교육의 중요성을 강조하려면 아무래도 실제 사례를 들어 설명해야 사람들이 이해하고 받아들이기 좋았을 테지요. 그래서인지 이때 신사임당을 '교육'이라는 프레임을 통해 바라보며, 아들을 훌륭하게 교육시켜서 키워내고, 남편의 공부도 물심양면으로 도운 대표 여성상으로 그려낸 겁니다.

물론 현명한 어머니, 어진 아내였던 것은 맞지만 그보다 더욱 주목할 부분은 신사임당이 조선 시대의 아티스트였다는 사실입니다. 누구의 어머니, 누구의 아내가 아닌 신사임당 본연의 모습이라고 할 수 있겠죠. 그는 당시 문인들 사이에서 산수화와 포도 그림을 잘 그리는 '화가 신씨'로 칭송받습니다. 특히 산수화에 비해 인정받지 못했던 초충도를 회화의 한 장르로 올려놓은 화가로 평가받고요. 〈수박과 여치〉, 〈맨드라미와 개구리〉도 이 초충도에 해당합니다. 물론 그림을 그리며 재능을 펼치는 과정이 쉽지는 않았을 겁니다. 조선 시대는 남녀 차별이 심했고, 여성이 자신의 뜻과 재능을 마음껏 발휘하는 건 거의 불가능에 가까웠기 때문입니다. 그리고 이것이 지금 신사임당을 이야기하는 이유이기도 합니다.

왜 그럴 때가 있잖아요. 간절히 원하는 것, 꼭 이루고 싶은 것이 있는데 뜻대로 되지 않을 때. 아무리 노력해도 성과가 잘 나지 않고, 주변의 누구도 응원해주지 않고, 세상이 마치 나의 꿈을 가로막는 거대한 장벽처럼 느껴질 때 말입니다. 어떻게 하면 돌파할 수 있을지, 이 난관을 뚫고 나갈 방법이 있긴 한 건지 막막하기만 할 때, 신사임당의 삶이 해결의 실마리를 제공해줄 수 있을 것 같습니다.

'어떻게 원하는 것을 얻는가. 그 방법은 과연 무엇인가.'

신사임당 역시 이 쉽지 않은 질문을 마음속에 품고, 그 질문에 대한 자신만의 답을 찾아나간 인물이 아닐까 싶습니다. 조선 시대 여성은 남성에 종속된 존재였습니다. 아들을 낳아 집안의 대를 잇고, 남편의 과거 급제를 위해 집안 경제를 책임져야 했으며, 수없이 많은 집안 제사를 준비해야 했죠. 신사임당의 처지도 마찬가지였습니다. 자신에 비해 보잘것없었던 집안의 이원수와 결혼했는데, 그는 신사임당과의 혼인으로 집안이 안정되자 비로소 과거를 준비합니다. 하지만 학문에 별 뜻이 없었던지라 계속 낙방했고, 쉰 살이 되어서야 간신히 수운판관이라는 관직을 얻습니다. 그런데 설상가상 이원수는 주막집 아낙을 가까이하며 외도까지 했습니다. 상황이 이렇다 보니 집안 살림과 경제, 자녀 교육은 모두 신사임당의 몫이었습니다.

어릴 때부터 그림과 글씨에 탁월한 재능이 있었고, 친가와 외가 모두 명망 있고 유복한 집안인 데다 그에 대한 외할아버지와 아버지의 사랑이 각별해서 아주 행복한 어린 시절을 보낸 사람인데, 참으로 안타까운 일이었죠. 신사임당의 아버지 신명화는 다섯 딸 중 둘째인 신사임당을 굉장히 예뻐해 사위인 이원수에게 이런 말도 했다고 합니다.

"내가 딸을 여럿 두었는데 다른 딸들이 비록 집을 떠나 시집을 가더라도 그리워하지 않았는데, 그대의 처만은 내 곁에서 떠나보내고 싶지 않았다."

- 이이, <선비행장> 중

이토록 애정이 깊었기에 신사임당의 부모는 딸의 열정을 꺾지 않고, 그가 그림 공부에 집중할 수 있도록 물심양면으로 지원했습니다. 그렇게 그림에 대한 재능을 펼치고 꿈을 향해 정진했는데, 결혼을 하면서 자신의 꿈은 접어야 했던 거죠. 게다가 능력도 의지도 없는 남편의 뒷바라지를 하면서 집안을 책임져야 했으니, 그 심정이 오죽했을까요.

자신이 원하는 것은 하지 못하고, 그저 주어진 것만 해나가야 하는 삶. 생각만 해도 막막하고 답답하지만, 신사임당은 그 삶에 낙담하거나 굴복하지 않았습니다. 아이를 키우고 집안 살림을 챙기는 그 바쁜 와중에도 붓을 놓지 않습니다. 고단한 생활 속에서도 틈틈이 시를 적고 그림을 그리는 등 예술 활동을 계속한 것이죠. 신사임당은 자신의 삶을 비관하기보다 묵묵히 집안을 이끌어나갔고, 여러 사회적 제약에도 불구하고 당당하게 자신의 재주를 펼쳐나갔습니다.

그렇습니다. '어떻게 원하는 것을 얻는가'에 대해 신사임당이 내린 답은 '그래도 계속하는 것'이었습니다. 재능을 마음껏 펼칠 수 없는 세상이라 할지라도, 자녀 교육과 돈벌이, 집안 살림에 치여 꿈을 위해 쓸 수 있는 시간이 주어지지 않아도, '그래도' 그는 포기하지 않고 계속했습니다. 그 결과 천재 화가로 칭송받을 정도로 뛰어난 작품을 남겼을 뿐 아니라, 대학자 율곡 이이까지 길러낸 훌륭한 어머니라는 수식어도 얻었죠.

먹고사는 것만으로도 벅차서, 도무지 시간이 없어서, 아무도 도와주지 않아서…. '그래서'를 핑계 삼아 안주하고 포기하려는 우리에게 신사임당은 '그래도' 계속하면 얻을 수 있음을, 결국 이룰 수 있음을 알려줍니다.

'그래서'와 '그래도'. 글자 하나 바꾸었을 뿐인데, 세상을 바라보는 관점과 삶을 대하는 태도가 완전히 달라진다는 것이 놀랍지 않으신가요? 사실 성취와 성공에 이르는 길은 거창한 것이 아닐지도 모르겠습니다. 작은 용기, 사소한 변화가 모이고 모여 커다란 의미를 만들어낸다는 것을 신사임당은 자신의 삶을 통해 보여주고 있습니다.

이런 어머니 밑에서 자라서일까요? 율곡 이이 역시 원하는 것을 얻기 위해 계속 정진하는 삶을 살았습니다. 이이는 조선이 낳은 최고의 천재로, 조선 시대의 진정한 '공신', 공부의 신이라고 할 수 있습니다.

당시 과거 시험은 어렵기로 악명이 높았습니다. 더욱이 대과 시험은 3년에 한 번씩 열렸고, 전국에서 모여든 수많은 사람 중 문과는 딱 33명만 합격할 수 있었습니다. 그런데 이이는 그 어렵다는 과거 시험에서 무려 아홉 번이나 장원 급제를 해 '9도 장원공'이라고 불리기도 했습니다. 이이는 《격몽요결》이라는 책에서 자신의 공부 비법을 밝혔는데, 이를 보면 그의 성취는 단지 타고난 두뇌 덕분이 아니라 오랜 노력과 수련의 결과임을 알 수 있습니다. 몇 가지만 살펴볼게요.

입지(立志), 분명하게 뜻을 세워야 한다.

혁구습(革舊習), 잘못된 옛 습관을 타파해야 한다.

지신(持身), 몸가짐을 바로 하고 정진해야 한다.

뜻, 그러니까 원하는 것을 분명히 하고, 이를 얻는 데 방해되는 잘못된 습관은 모두 버리고, 계속 나아가는 것이 그의 공부 비법이었습니다. 특히 혁구습과 관련해 그가 남긴 이야기는 일상에 치여 나태해지려는 순간 정신이 번쩍 들게 만듭니다.

원하는 것을 얻고 싶은데 방법을 몰라 고민이라면, 우선 이렇게 시작해보면 어떨까요? 오늘 잘못된 일을 내일 고치고, 아침에 후회한 일을 저녁에 고치는 겁니다. 그리고 그런 작은 변화들을 멈추지 않고 계속해나가는 겁니다. 아무리 힘들고 고되더라도, 때로는 발전 없이 제자리걸음만 하는 것 같아도, '그래도' 계속해나가다 보면 어느 날 비로소 원하던 그곳에 다다른 자신을 발견할 수 있다는 걸 신사임당과 이이를 통해 알게 되었으니 말입니다.

“

바꾼다는 말은 마땅히
바꾸어야 한다는 뜻이다.
만약 마땅히 바꾸어야 한다는 말을
세 차례 자세하게 살펴보아
모두 상황에 적합하면 믿을 수 있다.
이때 마땅히 바꾸어야 할 일을
두려워하며 바꾸지 않으면
그 때를 놓쳐서 해롭다.

”

- 이이, 《성학집요》 중에서

깊은 샘에서 솟아난 맑은 물

신사임당 1504~1551

조선 중기 화가이자 문장가. 당대의 문인들은 신사임당을 안견의 화풍을 잇는 뛰어난 산수화가로 평가한다. 아들인 율곡 이이가 돌아가신 어머니를 그리며 쓴 <선비행장>에도 이러한 부분이 잘 나타나 있다. 하지만 조선 후기 율곡 이이가 훌륭한 유학자로 추앙받고 성리학 이념이 강화되면서 '예술가'보다는 뛰어난 유학자를 길러낸 '어머니'로 조명되기 시작했다.

이이 1536~1584

조선 중기의 유학자이자 정치가. 문답 형식으로 왕도 정치의 이상을 펼친 《동호문답》, 성군의 자세를 임금에게 조언한 《성학집요》, 학문을 시작하는 어린이 교육을 위한 《격몽요결》 등을 남겼다.

그는 학자였을 뿐만 아니라 현실 문제에 깊은 관심을 보이며 개혁에 대해서도 적극적이었다. 농민을 대신해 상인이나 하급 관리들이 공물을 나라에 바치고, 그 농민에게 높은 대가를 받아내던 방납의 폐단이 극심하자 그 대안으로 세금을 쌀로 내게 하는 대공수미법을 제안하기도 했다.

一
生
一
問

다섯 번째 질문

무엇이 나의 가슴을 뛰게 하는가

마음의 소리

2007년

프랑스 주요 일간지 〈르 몽드〉의

가장 비싼 지면에 실린 전면 광고

의궤●들이 한국으로
돌아올 때까지

"한국인은 잠들지 못한다!"

● 의궤[儀軌]: 조선 시대 왕실이나 국가에서 큰 행사를 치를 때 후세에 참고하기 위하여 그 일의 처음부터 끝까지의 경과를 자세하게 적은 책.

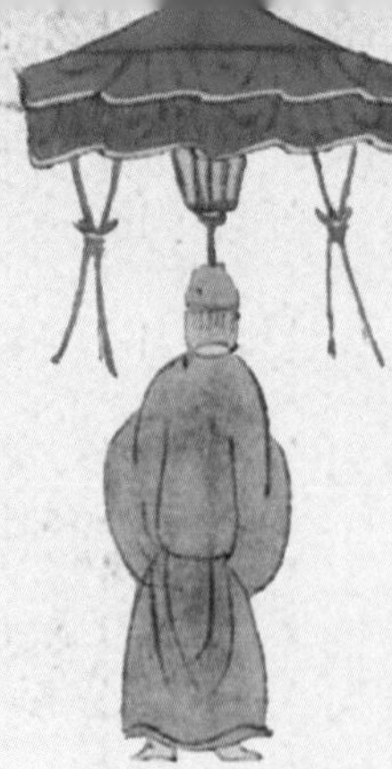

왕실과 국가의 중요 행사를

마치 사진을 찍듯 정교한 그림과 문자로 기록한

조선 왕실 문화와 역사의

가장 아름다운 기록

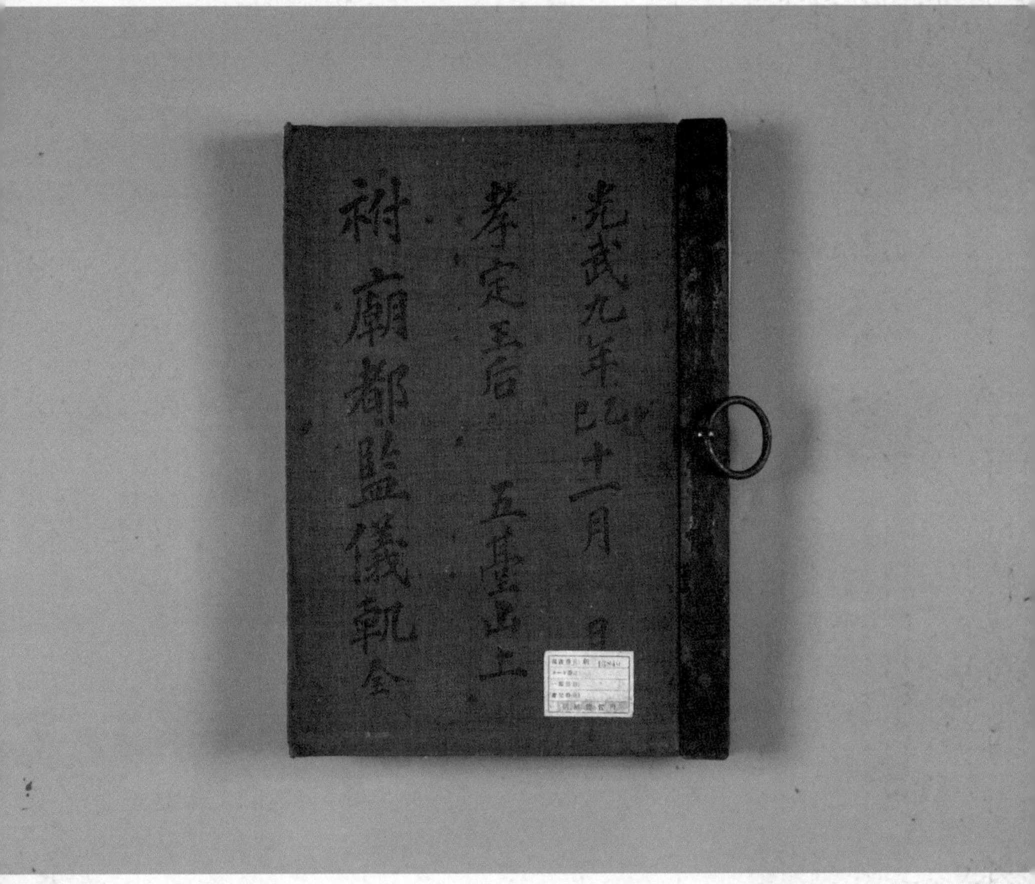

조선 왕실의 주요 행사를 600여 년(1392~1910) 동안 방대한 양의 그림과 글로 담아낸 조선 왕조 의궤는 그 가치를 인정받아 2007년 6월 유네스코 세계기록유산으로 등재되었다.

1866년

프랑스의 조선 침공

병인양요

그들이 약탈해간 유물 360여 점

그중 조선 왕실의 의궤 297책

그로부터 100여 년이 지난

1967년 어느 날

프랑스 국립도서관에 근무하던

한 사서에 의해

세상 밖으로 나온

한 권의 책

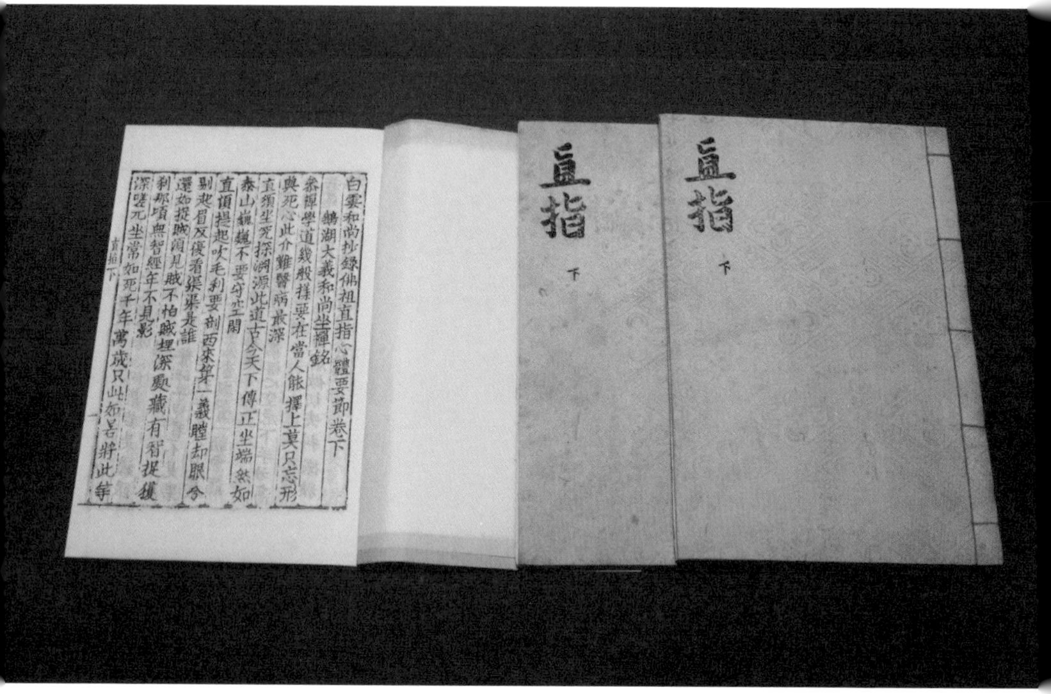

《백운화상초록불조직지심체요절》,
백운화상 경한이 1372년에 초록한 불교 서적. 간단히 《직지심체요절》 또는 '직지'라고 부르기도 한다.

1377년(고려 우왕 3년)에 찍은

세계 최고(最古)의 금속 활자본

2001년 9월

유네스코 세계기록유산으로 등재

구텐베르크의 《42행 성서》보다 78년이나 앞선

금속 활자로 인쇄된 책자

그 후로도 이어진

사서의 노력은 결국

1975년

프랑스 국립도서관 별관 창고의

파손된 중국 고서들 속에서

잠들어 있던 우리의 유산

외규장각 의궤를 발견하기에 이른다.

비밀을 누설했다는 이유로

프랑스 국립도서관의 사직을 강요받고

빼앗긴 문화재들의 흔적을 좇아

프랑스 도서관과 고서점을 전전하며

3만 권이 넘는 책을 일일이 확인한

박병선

그가 이루고 싶었던 꿈은

우리의 역사를

제자리에 돌려놓는 것

우리 문화재의 존재와 가치를

전 세계에 알린

그의 노력 끝에

마침내

2011년 6월

145년 만에 조국의 품으로 돌아온

외규장각 의궤 297책

그러나

우리가 되찾아온 문화재는

고작 8,000여 점

그리고

아직 세계 20개국에 흩어져

돌아오지 못한 우리 문화재

약 20만 점

아직 우리에게는

잠들지 못하는 밤이

아득히 남아 있다.

혹시 세계에서 가장 오래된 금속 활자본이 무엇인지 아시나요? 놀랍게도 우리나라의 것입니다. 고려 인종 때《상정고금예문》을 금속 활자로 인쇄했다는 기록이 전해지는데, 이는 서양보다 무려 200여 년이나 앞선 것이지요. 또한 현존하는 세계 최고(最古)의 금속 활자 인쇄본도 고려 시대에 간행된《직지심체요절》입니다.

당시 고려의 목판 인쇄술은 세계 최고 수준이었습니다. 거란 침입 때 부처님의 힘을 빌려 그들을 물리치겠다는 염원으로《초조대장경》을 제작했고, 이후 몽골과 항전할 때는《재조대장경》을 만들었죠. 이때 남긴 대장경의 목판 수가 무려 팔만 장이 넘어 '팔만대장경'이라고도 불립니다. 그러나 목판 인쇄에는 큰 단점이 있었습니다. 제작 기간이 길고, 한 종류의 책만 생산할 수 있다는 점이었죠. 이러한 목판 인쇄의 단점을 보완하고자 고안한 것이 활판 인쇄입니다. 고려 사람들은 뛰어난 목판 인쇄술과 더불어 발전된 금속 주조 기술을 보유하고 있었기 때문에 이를 바탕으로 금속 활자 발명에 성공한 것입니다.

이 넓은 세계, 수많은 나라 가운데 우리나라의 금속 활자본이 세계 최고(最古)라는 근사한 타이틀을 소유하고 있다는 사실이 참으로 대단하지 않나요? 특히 인쇄술은 사회 발전을 촉진하는 기술로, 인쇄술이 발달하면 역사도 바뀌는 대단한 기술입니다. 그 기술의 부분에서 우리가 한 자리를 차지했다는 것은 아주 의미 있는 일이죠. 그런데 안타깝게도 고려 시대의 금속 활자는 인류의 역사를 바꾸지는 못했습니다. 고려 시대의 금속 활자 기술이 소수의 지배층만 읽는 불경을 찍는 데 주로 활용됐기 때문이죠. 《직지심체요절》도 마찬가지입니다. 《직지심체요절》의 원래 이름은 《백운화상초록불조직지심체요절》로, 백운 화상이라는 승려가 여러 불교 경전의 말씀이나 고승의 가르침 가운데 좋은 구절을 뽑아 정리한 책입니다.

아무리 뛰어난 기술도 소수를 위해서만 쓰이면 그 의미가 퇴색되며, 기술은 많은 사람의 이로움을 위해 쓰일 때 세상을 바꾸는 영향력을 발휘할 수 있다는 것을 고려 시대의 인쇄술이 증명하고 있습니다. 똑같은 일을 하더라도 보다 많은 사람에게 도움을 주기 위해 하는 것이 더 큰 의미와 가치를 지닌다는 사실을 다시금 깨닫게 됩니다. 그리고 이 사실을 자신의 삶으로 증명해 보인 한 사람이 있습니다. 바로 '직지의 대모'라 불리는 고 박병선 박사입니다.

《직지심체요절》은 1900년 초 주한 프랑스 공사로 근무한 콜랭 드 플랑시(Collin de Plancy)가 우리나라에서 수집한 것으로 알려져 있습니다. 《직지심체요절》은 플랑시의 다른 수집품들과 함께 1910년대에 파리 경매장에 나왔고, 골동품 수집가 앙리 베베르에게 180프랑에 팔립니다. 이후 베베르가 프랑스 국립도서관에《직지심체요절》을 기증했다는데, 이걸 발견해 세상에 알린 사람이 바로 박병선 박사입니다.

서울대 역사교육과를 졸업한 박병선 박사는 1955년 프랑스로 유학을 떠났습니다. 우리나라에서 프랑스로 유학을 떠난 최초의 여성 중 한 명이었죠. 유학이 흔치 않던 시절, 두려움을 무릅쓰고 혈혈단신 낯선 타국으로 떠나는 그에게는 공부 외에도 한 가지 목표가 더 있었습니다. 자신의 대학 스승인 이병도 교수에게 병인양요 때 프랑스군이 약탈해 간 의궤에 관한 소식을 들었기 때문입니다. 프랑스 소르본 대학과 고등교육원에서 박사 과정을 밟은 그는 프랑스 국립도서관 사서로 취업합니다. 의궤를 반드시 찾아내겠다는 의지를 품고요.

의지를 가지고 한 가지 일을 계속해나가면 결국 행운이 오는 걸까요. 박사가 의궤를 찾고자 노력하던 1970년대 어느 날, 파리에서 열린 동양학자 회의를 기념하기 위해 프랑스 국립도서관에서 대대적인 전시회가 열렸는데, 한국 코너를 담당했던 박병선 박사는 고서를 물색하던 중《직지심체요절》을 발견합니다. 박사는 정말 깜짝 놀랐다고 합니다.《직지심체요절》의 마지막 장인 39장에 보이는 간기에 따르면, 이 책이 구텐베르크의 활자로 찍은《성서》보다 70여 년이나 앞선 금속 활자본이었기 때문이죠. 2005년 직지상 시상식을 기념하는 학술회의에 참석한 박사는 당시를 이렇게 회고했습니다.

"

처음 《직지심체요절》을 발견했을 때는
벅찬 감동과 희열을 느꼈습니다.
하지만 시간이 흐를수록
걱정이 커지더군요.
《직지심체요절》에 쓰인 기록만으로는
이 책이 금속 활자로 인쇄됐다는 것을
믿을 유럽인들이 아니기 때문이었죠.

"

《직지심체요절》이 금속 활자본임을 과학적 실험을 통해 입증해야만 한다고 생각한 박사는 고려 후기의 인쇄 기술을 비롯해 일본과 중국의 인쇄사 등 활자에 대한 연구를 시작했다고 합니다. 직접 금속 활자를 고증해보고자 지우개와 감자 등으로 활자를 만들어 찍어보기도 하고, 프랑스 대장간을 찾아가 금속 활자에 대한 정보를 얻기도 했습니다. 이 치열한 연구와 노력의 결과, 박사는 프랑스 국립도서관 주최 〈books〉 전시회에《직지심체요절》을 금속 활자본으로 출품했고, 얼마 후 '국제 동양학 학자대회'에서도《직지심체요절》이 금속 활자로 인쇄된 책임을 발표하기에 이릅니다. 그 결과 2001년《직지심체요절》은 유네스코 세계기록유산으로 등재되었습니다. 한 역사학자의 노력과 관심이 없었다면, 이 엄청난 문화유산은 아직도 프랑스 도서관 어딘가에서 우리와의 만남을 애타게 기다리고 있었을지도 모릅니다.

《직지심체요절》이 세계에서 가장 오래된 금속 활자본임을 밝히고 알린 것만으로도 너무나 대단한데, 박병선 박사는 여기서 만족하지 않았습니다. 그는 자신의 목표였던 의궤를 찾는 데 계속 매진했죠. 그러다 1970년대 말, 전에 함께 근무했던 동료와 식사를 하던 중 우연히 이 책이 프랑스 국립도서관 별관 수장고에 있다는 사실을 알게 되고, 마침내 의궤를 만나게 됩니다. 박사는 발견 즉시 프랑스 주한대사관에 이를 알렸는데, 기밀을 유출했다는 이유로 프랑스 국립도서관에서 해고되고 말았죠.

이후 외롭고 힘든 싸움이 시작됐습니다. 박사는 10년간 개인 자격으로 도서관을 드나들며 조사를 지속했습니다. 도서관이 문을 열자마자

들어가서 문을 닫을 때까지 밥도 먹지 않고 앉아 있었다고 합니다. 혹시 자리를 비우면 책을 치울까 봐 걱정돼서 말입니다. 그 모습을 본 사람들은 박사를 "파란 책 속에 묻혀 있는 여성"이라고 불렀다고 합니다. 의궤에 푸른 천이 씌워져 있어 붙은 별명이었죠. 그렇게 박병선 박사는 무려 297권에 달하는 책의 목차와 내용을 하나하나 정리했습니다. 누구의 도움도 없이 자신의 시간과 돈, 노력을 들여서 말이죠.

더불어 "의궤를 찾아와야 한다"라며 프랑스 주한대사관에 계속 민원을 넣었습니다. 결국 1991년 외규장각 도서 반환 운동이 본격화되었고, 그로부터 20년이 지난 2011년 6월 11일 마침내 외규장각 도서가 145년 만에 한국으로 돌아왔습니다. 그러나 완전히 반환된 것이 아니라 프랑스가 임대해주는 형식으로 돌아왔죠. 당시 박병선 박사는 이렇게 소회를 밝히기도 했습니다.

"외규장각에 있는 의궤만 한국에 대여 형식으로 돌아온 거니까 이제부터 우리가 해야 할 일이 있어요. 국민 모두가 합심해서 힘을 써 대여가 아닌, 한국에 돌아왔으니까 그것이 영원히 (프랑스로) 되돌아가지 않도록 하는 것이 우리의 의무가 아닌가 생각합니다. 동시에 나머지 돌아오지 않은 문화유산도 빠른 시일 내에 돌려받아야지요. 그것이 젊은 사람들이 해야 할 일이고, 저는 바통을 넘겨준 거예요."

박병선 박사는 외규장각 의궤가 한국으로 돌아온 지 얼마 지나지 않은 2011년 11월 23일, 여든세 살의 나이로 세상을 떠났습니다. 그는 마지막 순간까지 "《병인년, 프랑스가 조선을 침노하다》의 속편을 준비했고 직접 출간하려고 했는데 아쉽다. 병인양요 속편을 꼭 마무리 지어 달라"고 부탁했다고 합니다. 눈을 감는 그 순간까지 우리나라의 역사와 문화재를 생각한 것이죠. 그런 박병선 박사의 삶은 우리에게 이런 질문을 건네는 듯합니다.

'무엇을 위해 살 것인가?'

지금 여러분은 무엇을 위해 살고 계십니까. 무엇을 이루고자 하루하루를 보내고 계신가요. 박병선 박사는 생전에 주위 사람들에게 "조국이 너에게 무엇을 해주기를 바라지 말고, 네가 조국에 무엇을 할 수 있는지를 찾아서 하라"라는 말을 항상 했다고 합니다. 박병선 박사의 '무엇'은 '조국을 위한 일', 보다 구체적으로는 '우리의 문화유산을 찾아내고 그것의 가치를 알리는 일'이 아니었나 생각합니다. 자신의 삶을 바칠 '무엇'이 분명했기에 그 오랜 시간 동안 어려움을 견딜 수 있었고, 마침내 엄청난 업적을 남긴 것이겠죠.

우리의 그 '무엇'이 박병선 박사처럼 조국을 위한 일까지는 아닐지라도, 나뿐 아니라 다른 사람에게도 도움이 되는 일, 그리하여 세상을 좀 더 긍정적으로 바꿀 수 있는 일이라면 좋겠지요. 아직 무엇을 위해 살 것인지, 자신만의 '무엇'을 찾지 못했다면 자신에게 이런 질문을 던져도 좋겠습니다.

'무엇이 나의 가슴을 뛰게 하는가? 나를 설레게 하는 한 가지는 무엇인가?'

나의 가슴을 설렘과 희망, 기대로 두근대게 하는 일, 그래서 나를 움직이고 나아가게 하는 일, 그것이 내가 일생을 함께할 일일 가능성이 높기 때문입니다. 아마도 조국을 위해 우리의 문화유산을 지키는 일이 박병선 박사에게는 가슴을 뛰게 하고 자신을 움직이게 하는 유일한 일이었을 겁니다. 우리도 지금 내 마음이 무엇을 원하는지, 어떤 일에 보람과 성취감을 느끼는지, 마음의 소리에 귀 기울이는 시간을 가지다 보면, 우리만의 무엇을 찾을 수 있을 거라 믿습니다.

탄압과 박해 후 이어진 보복의 역사

병인양요

조선 고종 때인 1866년 초에 흥선 대원군은 천주교를 금지하며 프랑스 신부와 조선인 천주교 신자 수천 명을 처형했는데, 이 사건이 바로 병인박해다. 이때 가까스로 살아남은 프랑스 선교사 리델이 프랑스군에 이 소식을 알렸고, 이에 대한 보복으로 1866년 11월에 프랑스군 함대 사령관인 로즈가 일곱 척의 함선과 1,000여 명의 병력을 이끌고 강화도를 침략했다. 프랑스군은 프랑스인 선교사를 죽인 책임자를 엄벌하고 통상 조약을 체결하라며 조선을 위협했다. 조선 군대의 거센 저항으로 퇴각한 프랑스군은 그 과정에서 외규장각을 불태우고 의궤 등 수많은 외규장각 도서를 약탈해갔다. 흥선 대원군은 이 사건을 계기로 통상 수교 거부 정책에 더욱 박차를 가했다.

의궤

조선 시대 왕실이나 국가의 큰 행사가 있을 때 관련 내용 일체를 그림과 문자로 정리한 책. 왕가의 혼인이나 책봉, 장례, 연회, 사신 접대, 편찬 사업, 건축물, 능 조성 등에 대해 기록해 당시 정치와 경제는 물론 과학이나 건축, 미술, 의복, 음식 등 여러 분야의 연구에 매우 중요한 자료로 평가받는다. 조선 초부터 제작했으나 임진왜란 때 불타 없어져 현재는 17세기 이후에 제작한 것만 남아 있다.

정조 때는 왕실 서적의 안전한 관리를 목적으로 왕실의 피난처로 여긴 강화도에 외규장각을 설치하고 역대 왕들의 글과 글씨, 어람용 의궤 및 주요 서적, 왕실 관련 물품 등을 보관했다. 병인양요 때 약탈된 어람용 의궤를 비롯한 외규장각 도서는 프랑스 국립도서관에 보관되어 있다가 박병선 박사가 발견한 이후 우리 정부의 지속적인 반환 요청으로 2011년에 임대 형식으로 반환되었다. 조선 시대 기록 문화의 꽃이라 평가받는 조선 왕실의 의궤는 2007년 유네스코 세계기록유산으로 등재되었다.

직지심체요절

《직지심체요절》의 본래 이름은 《백운화상초록불조직지심체요절白雲和尙抄錄佛祖直指心體要節》로 《불조직지심체요절》·《직지심체》, 줄여서 '직지'로 불리기도 한다. 《직지심체요절》은 승려인 백운 화상이 부처와 이름난 승려의 어록을 가려 뽑아 정리한 책으로 본래 상·하 두 권이었으나 현재는 하권만 전해진다.

《직지심체요절》은 백운 화상 입적 후 1377년에 청주 흥덕사에서 금속 활자로 인쇄되었다. 프랑스 국립도서관에 보관되어 있던 것을 박병선 박사가 발견했고, 세계에서 가장 오래된 금속 활자본으로 인정받아 2001년 9월에 유네스코 세계기록유산으로 등록되었다.

2부

마음을 듣고 깨우치다

"용기를 갖고 여러분의 마음과 직관을 따라가라.
당신의 마음은 자신이 진정 무엇이 되고 싶은지
이미 알고 있다."

- 스티브 잡스

一生一問

여섯 번째 질문

희망은 어디에 있는가

×

아무개들의 외침

1919년 3월 1일, 탑골공원

거리로 쏟아져나온 인파

이들이 그토록 부르짖은 것은

조국의 독립,

조국의 독립 만세!

"대한 독립 만세!"

"대한 독립 만세!"

"대한 독립 만세!"

서울에서 시작되어
삽시간에 전국으로 퍼진
만세의 물결

이후 3개월 동안 진행된
만세 운동에 참여한 사람은
무려 200만 명

나라를 잃은 민족이 부르짖은
만세의 함성 속에는 없었던
세 가지

첫째,
남녀노소가 없는 운동

학교를 뛰쳐나온 열 살 먹은 아이들부터
쇠약한 몸을 이끌고 거리로 향한
병든 노인까지

나이를 뛰어넘어
한마음 한뜻으로 외친

조국의 독립

둘째,
신분의 높고 낮음이 없는 운동

독립운동을 주도한 것은
민족 대표 33인이었으나
이를 실행한 것은

학생이자 농민이고
기생이자 인력거꾼인

아무개들의 열망

셋째,
국경이 없는 운동

주요 도시뿐 아니라
소도시와 농촌에서도
들불처럼 일어난 사람들

한인이 사는 곳이라면
이역만리 나라 밖에서도 들려오는

만세의 함성

생계를 팽개치고

학업을 뒤로하고

노쇠한 몸을 이끌고

거리로 나선

200만의 아무개

지금 우리가 사는 대한민국

지금 우리가 누리는 자유

그리고 민주주의

당연한 오늘을 만든

아무개들의 자긍심을

우리는 지키며 살고 있는가

열다섯 살 어린 소년이 있었습니다. 어느 날 이 아이는 먼 길을 떠납니다. 약 700리, 무려 280km에 달하는 길을 걷고 또 걸어 아이가 도착한 곳은 만주에 있는 신흥무관학교. 독립군을 양성하기 위해 세운 학교였죠. 학교 관계자를 만난 아이는 자기도 나라의 독립에 힘을 보태고 싶다며 입학시켜 달라고 조릅니다. 하지만 안타깝게도 열여덟 살부터 입학이 가능한 학교 규정 탓에 아이의 뜻은 이루어지지 않습니다.

700리를 걸어오는 그 고되고 힘든 과정 동안 자신을 다독였던 힘, 무너지려는 스스로를 다시 일으켜 세웠던 힘, 그 힘이었던 입학의 꿈이 좌절되자 아이는 자리에 주저앉아 펑펑 울고 맙니다. 얼마나 서럽게 울었던지, 학교 관계자는 결국 아이에게 시험을 볼 기회를 줍니다. 하지만 이곳은 독립군을 키우고자 하는 학교였고, 아직 어리고 약한 아이는 강도 높은 체육 시험을 통과하지 못합니다. 결국 아이의 바람은 수포로 돌아가고 마는 것일까요? 다행히 독립군이 되겠다는 강한 의지와 머나먼 길을 홀로 걸어온 강단을 높이 산 관계자 덕분에 아이는 3개월 과정의 특별 입학을 허락받습니다.

이 범상치 않은 아이의 이름은 김산. 님 웨일즈가 쓴《아리랑》의 주인공이자 만주와 베이징, 광저우를 누비며 일제와 맞서 싸운 그 김산입니다. 그런데 어린 김산은 어떻게 독립에 힘을 보태고 싶다는 마음을 먹게 된 걸까요? 그를 만주로 향하게 만든 계기는 과연 무엇이었을까요?

1905년생인 김산은 중학생이던 1919년, 3·1 운동을 목격합니다. 우리 민족 모두가 남녀노소 상관없이 거리로 나서 독립을 외치는 그 열정과 용기를 보고 큰 충격을 받은 그는 결심합니다. '나도 나라를 위해 뭔가를 해야겠다'고. 그 결심이 그를 만주의 신흥무관학교로, 그리고 이후 혁명가의 길로 이끈 것이죠.

이 모습을 통해 당시 한국의 평범한 사람들이 3·1 운동을 어떻게 바라봤는지, 어떤 영향을 받았는지 단적으로 알 수 있습니다. 김산처럼 1890년대 후반부터 1900년대 초반에 태어나 10~20대에 3·1 운동을 겪은 사람들을 '3·1 운동 세대'라고 합니다. 우리가 아는 대부분의 독립운동가들이 이 3·1 운동 세대인데, 대표적으로 일제 강점기에 일본을 공포에 떨게 만든 의열단 단장 김원봉, 폭탄을 던져 일본인들의 간담을 서늘하게 했던 이봉창과 윤봉길 등을 꼽을 수 있습니다.

이처럼 3·1 운동의 영향력과 파급력이 컸던 이유는 여러 가지지만, 그중 하나로 참여 규모를 들 수 있습니다. 3·1 운동에 참여한 사람이 몇 명인지 아시나요? 무려 200만 명입니다. 당시 한국의 총인구가 약 2,000만 명이었으니 한 집 건너 한 사람은 거리로 나가 만세를 부른 것이죠. 이 많은 사람이 광장에 나왔다는 것은 역사적 의미가 큽니다. 고 조선 이래 거의 반만 년의 역사에서 200만의 사람이 단 하나의 목표를 위해 모인 것은, 우리 역사상 최초의 모습이라고 이야기할 수 있습니다.

우리나라 반만 년의 역사를 두 시기로 나눌 경우 어떤 시점을 분기점으로 삼겠냐고 물어본다면, 저는 3·1 운동이라고 말하겠습니다. 3·1 운동 이전까지 우리 역사에 존재한 나라의 형태는 왕국이고, 제국이었습니다. 그런데 3·1 운동 이후 반만 년 동안 한 번도 경험하지 못한, 한 번도 역사에 등장하지 않은 나라가 등장합니다. 바로 '대한민국'입니다. 3·1 운동 이후 독립운동을 체계적으로 이끌 지도부의 필요성이 대두되었고, 이는 대한민국 임시 정부의 수립으로 이어졌습니다. 1919년 4월에 수립된 대한민국 임시 정부는 삼권분립에 기초한 민주공화제를 채택했습니다. 국민이 주권을 갖는 시대의 막이 열린 것이고, 능동적인 존재 '시민'이 탄생한 것입니다.

1919년 3월 1일, 탑골공원에 모여 '대한 독립 만세'를 외친 사람들은 알고 있었을까요? 자신들의 외침이 100여 년 후 대한민국이라는 국가에서 이토록 큰 울림으로, 이토록 큰 파장으로 퍼져나갈 거라는 사실을 말입니다. 우리가 100여 년 전 광장에 섰던 그 사람들의 이름을 다 알 수는 없습니다. 하지만 우리가 모르는 그 시대의 아무개들, 그들이 오늘날의 우리에게 독립된 나라와 민주주의를 안겨준 분들이라는 건 반드시 기억해야 하겠습니다.

그런데 여기서 한 가지 궁금증이 생깁니다. 어떻게 그 많은 사람이 만세를 외칠 용기를 낼 수 있었던 것일까요. 3·1 운동이 전개된 1910년

대는 일제가 '무단 통치'를 펼치던 시기였거든요. 이 시대를 상징적으로 보여주는 키워드가 하나 있는데, 바로 '헌병 경찰'입니다. 헌병은 원래 군대 안에서 경찰 활동을 하는 군인인데, 일제는 이들이 민간인의 치안 유지 및 경찰 업무를 담당하게 하는 헌병 경찰 제도를 실시한 겁니다. 무시무시한 헌병 경찰들이 거리를 활보하며 한국인들을 감시했고, 잘못을 저지른 사람은 볼기를 때리는 '태형'으로 처벌했죠. 하지만 이 태형의 대상은 오직 한국인뿐이었습니다. 일제가 한국인에게만 적용하는 '조선 태형령'을 제정해 그 권한을 헌병 경찰에게 주었기 때문이죠. 거리만이 아니었어요. 심지어 학교 선생님마저 칼을 차고 수업을 진행하던, 그야말로 공포의 시대였죠.

이런 횡포와 차별이 우리의 분노를 키우고, 결국 독립을 부르짖게 만들긴 했을 겁니다. 하지만 이런 횡포가 우리의 두려움과 공포 역시 부풀렸기에 용기를 내기가 그만큼 힘들었을 거라는 생각이 듭니다. 거리에서, 학교에서 늘 폭력에 노출된 채 살아간다는 것은 감히 상상도 할 수 없을 만큼 무서운 일이었을 테니까요. 그 시기, 이 땅의 아무개들은 아마도 이런 생각을 하지 않았을까요?

'우리는 언제까지 이렇게 짓밟힌 채 살아야 하는가.

대체 희망은 어디에 있는가.'

일본인들 말을 잘 들으려면 '말하기, 읽기, 쓰기' 정도는 할 줄 알아야 하니, 딱 그 교육만 받을 수 있었던 학생들. 피땀으로 일군 땅을 강제로 빼앗긴 농민들. 식민지 백성이라는 이유 하나로 자신의 삶과 생활이 모두 짓밟힐 수밖에 없었던 그들은 절망하고, 좌절하고, 낙담했을 겁니다. 어떻게 해야 이 지옥 같은 삶에서 벗어날 수 있을지, 희망이란 게 있기는 한 건지 고민했을 겁니다. 일제의 차별과 멸시, 그리고 좌절과 고민의 시간 끝에 그들은 마침내 깨달았던 것 같습니다. 희망은 그 어디도 아닌 내 안에 있다고, 내가 바로 희망이라고 말입니다.

나라의 독립은 소수의 헌신적인 애국자들만으로 이룰 수 있는 것이 아님을, 비록 부족하고 모자라지만 나 하나하나가 모일 때, 우리 모두가 힘을 합칠 때 비로소 가능한 것임을, 결국 희망은 자신에게 있음을 이 땅의 아무개들은 깨달았던 것 아닐까요?

유관순 열사의 삶을 다룬 영화 〈항거〉에 이런 장면이 나옵니다. 3·1 운동 후 서대문 형무소에 수감돼 모진 고문을 당하며 죽음을 앞두고 있던 그에게 배식을 담당하던 수감자가 묻습니다.

"왜 그렇게까지 하는 거요?"

유관순 열사는 고문으로 만신창이가 된 고통의 한가운데서도 단단하고 힘 있는 목소리로 답하죠.

"그럼 누가 합니까?"

서대문 형무소에 수감되었던 유관순의 모습.

1920년 9월 28일에 모진 고문을 이기지 못하고 열여덟의 어린 나이에

감옥에서 숨을 거두었다.

만세를 외친 아무개들의 마음도 이렇지 않았을까 감히 추측해봅니다. '내가 아니면, 그럼 누가 하겠는가.' 그 마음이 200만 아무개가 두려움과 공포를 이겨내고 목 놓아 만세를 외치게 만들었다고요.

분명 그런 순간들이 있을 겁니다. 세상이 나에게 등을 돌린 것 같은 때, 어쩌면 이토록 가혹할까 싶을 정도로 고통이 이어질 때, 내 인생에 희망 따윈 없다고 생각되는 때.

누군가의 고통과 좌절에 대해 섣불리 말할 수 없음을, 힘내라는 격려가 허망한 위로가 될 수 있음을 잘 알지만, 그럼에도 그런 순간들과 맞닥뜨릴 때 한 번만 떠올려주시길 간곡히 부탁드립니다. 희망은 분명 있음을, 내 안의 어딘가에서 지금도 조용히 싹트고 있음을 말입니다.

뜻대로 되는 것은 아무것도 없고 그래서 모든 것을 포기하고 싶은 순간, 한 번만 생각해주시길 바랍니다. 나라를 빼앗긴 거대한 위기와 좌절 속에서도 희망의 끈을 놓지 않았던, 스스로가 희망임을 깨닫고 거리로 뛰어나온 그 작은 용기들을, 그 아무개들의 외침을 말입니다.

불꽃처럼 살다 간 보통의 사람들

3·1 운동

미국 대통령 윌슨의 "각 민족의 운명은 그 민족 스스로 결정해야 한다"라는 민족 자결주의가 발표되자 국내외 민족 지도자들은 독립 투쟁에 대한 의지를 더욱 높인다. 이러한 상황에서 도쿄의 한국인 유학생들이 2·8 독립 선언을 발표하고 국내에서도 독립 선언 움직임이 일어났다. 이에 종교계 지도자와 학생 대표를 중심으로 고종의 인산일(장례식)에 맞추어 거족적 만세 운동을 벌이기로 계획하면서 3·1 운동이 시작되었다.

서울 탑골공원에서 시작된 3·1 운동은 비슷한 시각에 평양, 원산 등지에서도 전개되었으며, 만세 시위는 대도시에서 중소도시로, 다시 농촌으로, 만주와 연해주, 미국 등 해외로도 번져나갔다. 3·1 운동은 모든 지역에서 신분, 직업, 종교, 남녀노소 가리지 않고 전 계층이 참여한 우리 역사상 최대 규모의 민족 운동이었다. 이를 계기로 대한민국 임시 정부가 수립되었고, 일제는 폭압적인 무단 통치를 '문화 통치'로 전환했다.

김산 1905~1938

본명은 장지락. 1905년 평안북도 용천에서 태어나 중학교 때 3·1 운동에 참여했으며, 1920년경 만주로 건너가 신흥무관학교에서 공부했다. 이후 상하이로 건너가 대한민국 임시 정부 기관지인 〈독립신문〉 발행에 참여하고 의열단에 가입해 활동했다. 마르크스주의와 무정부주의에 빠지면서 조국의 해방과 독립을 위해 중국 혁명을 지원하기로 결심하고 상하이, 베이징, 광저우 등지에서 독립운동을 전개하던 중 두 번 수감되었다.

상하이에서 조선민족해방동맹을 창설하고 항일 군정대학에서 학생들을 가르치던 중 님 웨일스를 만나 22차례에 걸친 인터뷰를 통해 그의 생애를 구술한 내용이 훗날 《아리랑》이라는 책으로 출간되면서 조국과 민족에 대한 그의 사랑과 혁명가적 삶이 전해졌다.

1938년 일본의 간첩이라는 혐의로 중국 공산당에게 체포돼 처형당했다.

유관순 1902~1920

1902년 충남 목천군에서 태어났다. 자녀 교육에 적극적이었던 아버지 덕분에 서울 이화학당에서 공부할 수 있었다. 3·1 운동이 일어나 학생들의 시위가 확산되자 일제는 전국에 휴교령을 내렸고, 유관순은 고향으로 내려갔다. 유관순은 아버지와 마을 지도자인 조인원 등에게 만세 운동 소식을 전하고 아우내 장날에 만세 시위를 벌일 준비를 했다. 마침내 4월 1일, 유관순은 아우내 장터에서 수천 명이 함께하는 만세 시위를 주도했다. 하지만 일본 헌병이 진입해 유관순의 부모를 비롯한 19명이 순국했으며 유관순도 체포되었다.

징역 3년을 선고받고 서대문 형무소에 수감되었으나 형무소에서도 만세 시위를 멈추지 않아 모진 고문을 받다가 결국 젊은 나이에 감옥 안에서 순국했다.

一
生
一
問

일곱 번째 질문

실수와 잘못에서 어떻게 벗어날 것인가

부끄러움의 미덕

여기, 두 갈래의 길이 있다.

한쪽 길은

잘 닦인 아스팔트 도로

부와 권력 앞으로 놓인

탄탄대로

이 길을 택하면

그야말로 떵떵거리며

잘 먹고 잘살 수 있지만

한 가지 조건이 있다.

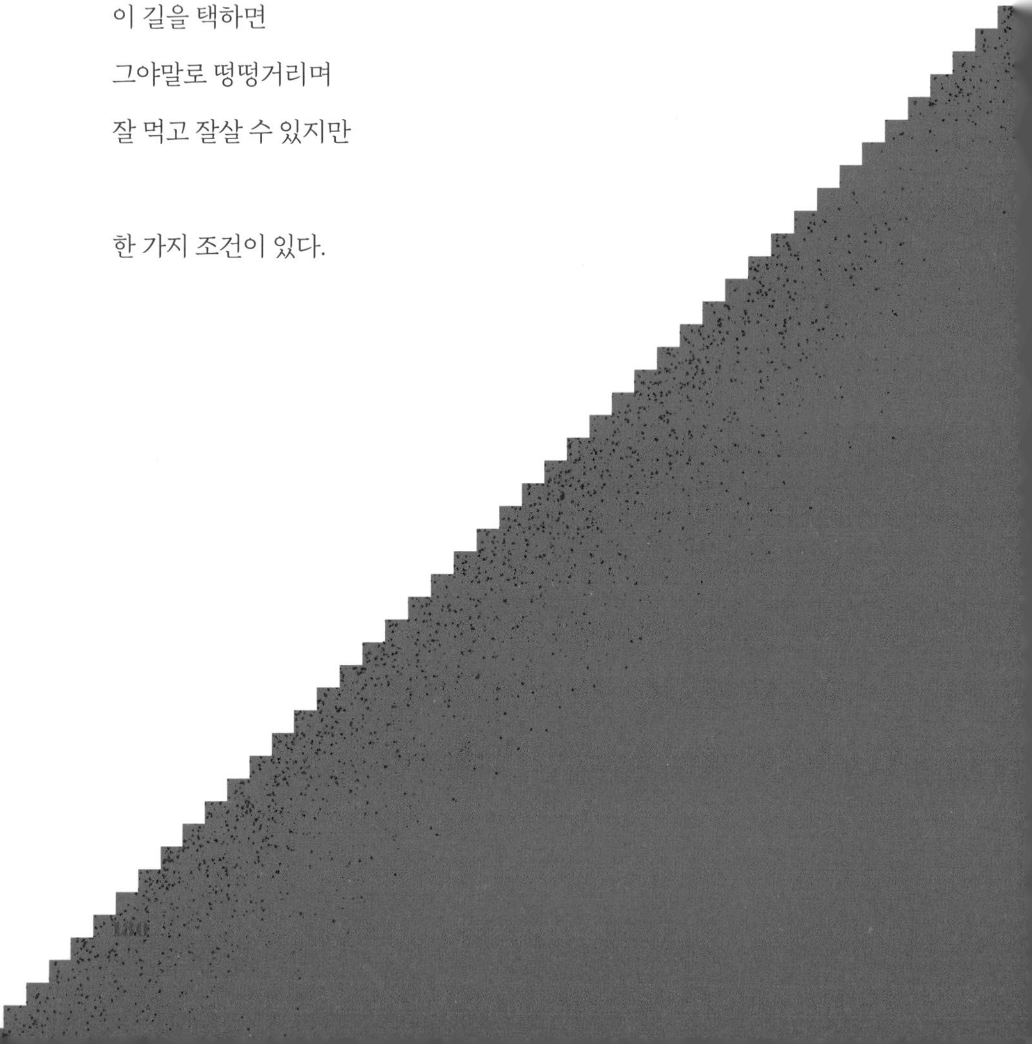

평생

자신의 양심을 버리고

타인이 고통에 허덕이는 일을

모른 척할 것

혹은

그들을 고통으로 몰아넣는 일에

앞장설 것

다른 한쪽 길은

끝이 없는 가시밭길

내딛는 한 걸음 한 걸음이

지옥 같은 길

발을 디딜 때마다

고통이 밀려들고

피눈물을 흘리는 날이 이어지겠지만

한 가지 사실만은

분명하다.

종일

고단하고 상처 난 육신에 깃든

고요하고 평온한 마음

나로 인해

세상이 더 좋아진다는 보람

옳은 길을 가고 있다는 믿음으로 가득한

양심의 평안

눈부시게 빛나는 희망과 벅찬 보람

vs.

막강한 부와 권력

당신은 어느 쪽을 선택하겠는가?

혹시 가미카제라는 말을 들어보셨나요? 고려 시대에 여몽연합군이 일본 정벌에 나섰을 때의 일입니다. 갑작스런 태풍으로 연합군이 침몰하면서 정벌이 실패로 돌아가고 맙니다. 그러자 일본인들은 그 태풍을 '신이 불어준 바람', 즉 '신풍'이라고 불렀는데 그 신풍의 일본어가 바로 가미카제입니다.

가미카제는 2차 세계 대전 당시 일본과 미국의 태평양 전쟁 때 다시 등장합니다. 가미카제 특공대원들은 일왕의 방패가 되어 일본 제국을 지킨다는 명분 아래 비행기에 폭탄을 싣고 적에게 돌진하는 무모한 작전, 즉 자살 공격에 동원됩니다. 무고한 생명들의 목숨을 앗아간 비극적이고 잔인한 작전이었죠. 이 가미카제 특공대원 중에 미쓰야마 후미히로란 사람이 있었습니다. 그는 작전을 수행하기 하루 전날 단골 식당을 찾아가 "아마도 여기를 찾는 건 오늘이 마지막일 것 같다"며, 고향의 노래를 한번 부르겠다고 말합니다. 그런데 노래가 시작된 순간 모두가 깜짝 놀랍니다.

"아리랑, 아리랑, 아라리요…"

일본인인 그가 한국말로 〈아리랑〉을 부르다니, 어찌 된 일이었을까요? 사실 미쓰야마 후미히로는 한국인 탁경현이었습니다. 이전까지는 시대의 비극에 어쩔 수 없이 일본식 이름을 가지고 일본인처럼 살았지만, 죽음이 눈앞에 닥치자 자신의 뿌리를 드러낸 것입니다. 이 한국 사람 탁경현이 탄 비행기는 1945년 5월 11일 오전에 출격하는데 얼마 지나지 않아 신호가 끊깁니다.

인간을 전쟁의 소모품으로 이용한 가미카제 작전. 여기에 동원돼 목숨을 잃은 한국인은 탁경현만이 아니었습니다. 그런데 이 특공대를 지지한 한국의 지식인들이 있습니다. 서정주는 가미카제 특공대원 마쓰이 히데오(한국명 인재웅)를 찬미한 시 〈오장 마쓰이 송가〉를 쓰기도 했죠. 이런 시입니다.

마쓰이 히데오!
그대는 우리의 오장 우리의 자랑

그대는 조선 경기도 개성 사람
인씨의 둘째 아들 스물한 살 먹은 사내

오히려 기쁜 몸짓하며 내리는 곳
쪼각쪼각 부서지는 산더미 같은 미국 군함!

서정주는 친일 시를 많이 남긴 인물입니다. 그는 자신의 그 뛰어난 재능, 놀라운 필력을 우리나라 청년들을 전쟁터로 몰아넣는 데 사용했습니다. 그는 일제를 위해 자신의 붓을 사용한 흔적이 너무나 많은 명백한 반민족 행위자입니다. 서정주만이 아닙니다. 당시 많은 지식인이 친일의 길을 걸으며 글과 말로 일본군 '위안부', 가미카제 등에 동원되는 것을 감사히 여기라고 떠벌렸습니다. 그 시대에는 어쩔 수 없었던 걸까요? 나라를 빼앗긴 백성이 목숨을 부지하기 위해서는 선택의 여지가 없었던 걸까요? 당연히 아닙니다. 그런 상황에서도 저항의 의지를 굽히지 않은 지식인도 분명 있습니다. 대표적인 인물이 윤동주입니다.

윤동주의 시를 읽다 보면 반복해서 등장하는 단어가 있습니다. 바로 '부끄러움'입니다. 나의 이름과 나의 글과 나의 문자를 마음대로 쓸 수 없는 일제 강점기, 그는 어쩔 수 없이 일본식 이름을 지니고 일본의 글을 통해 문학을 공부할 수밖에 없었죠. 하지만 '시대가 이러니 별 도리가 없다'는 식으로 정당화하지 않았습니다. 윤동주는 자신의 모습에 대한 처절한 부끄러움을 낱낱이 고백하고, 시대의 문제점들을 폭로했습니다.

부끄러움을 알고 고백할 수 있다는 것은 대단한 용기입니다. 또한 자신을 부끄럽게 한 원인을 바로잡고자 하는 시도 역시 결코 쉽지 않은 일임을 우리는 잘 압니다. 18세기 프랑스의 사상가 장 루소는 이런 말을 했습니다.

"잘못이 부끄러운 것이 아니라,

잘못을 고치지 못하는 것이 부끄러운 것이다."

실수하지 않고 잘못을 저지르지 않는 사람이 어디 있겠습니까. 실수와 잘못은 누구나 할 수 있습니다. 그러니 그 자체가 부끄러운 일은 아닐 겁니다. 하지만 자신의 실수와 잘못을 알면서도 고치려 하지 않는 것, 고치지 못하는 것은 부끄러운 일입니다. 그래서 그토록 부끄럽다고 고백한 윤동주는 역설적으로 전혀 부끄럽지 않은 삶을 산 인물이 된 것이겠지요.

그의 시에는 '참회', '반성'이라는 단어가 정말로 많이 나옵니다. '실수와 잘못에서 어떻게 벗어날 것인가'라는 질문에 윤동주는 부끄러워하라고, 참회하고 반성하라고, 그리하여 달라지라고 답하고 있는 듯합니다. 어쩌면 그의 시는 자신의 잘못, 그 부끄러움에서 벗어나기 위한 몸부림은 아니었을까요?

일제 강점기라는 시대의 벽 앞에서 그가 얼마나 괴로워했는지는 그의 시를 보면 알 수 있습니다. 1940년대 윤동주는 일본으로 유학을 가려고 준비했는데, 당시 일본 학교에 입학하기 위해서는 반드시 창씨개명을 해야 했습니다. 어쩔 수 없이 히라누마 도주라는 일본식 이름으로 바꿨는데, 그는 자신의 선택을 변명하기보다 통렬하게 부끄러워합니다. 그의 시 〈별 헤는 밤〉에 이런 구절이 나옵니다.

나는 무엇인지 그리워
이 많은 별빛이 나린 언덕 우에
내 이름자를 써보고,
흙으로 덮어버리었읍니다.

딴은 밤을 새워 우는 벌레는
부끄러운 이름을 슬퍼하는 까닭입니다.
그러나 겨울이 지나고 나의 별에도 봄이 오면
무덤 우에 파란 잔디가 피어나듯이
내 이름자 묻힌 언덕 우에도
자랑처럼 풀이 무성할 게외다.

무덤가에 자기 이름을 썼다 지우는 시인의 모습이 그려지시나요? 윤동주라는 이름을 쓸 수 없는 시대, 그래서 이름을 썼다가 덮어버리는 모습, 그리고 그것을 부끄러워하고 아파하는 모습입니다. 그 모습을 감추지 않고 고백함으로써 시대적 아픔을 알리고 나눈 것입니다. '창씨와 나' 같은 글을 통해 창씨개명을 독려한 소설가 이광수 같은 반민족 행위자의 행보와는 전혀 다르죠.

윤동주는 거리로 뛰어나가 폭탄을 던진 인물은 아니지만, 그 시대를 살아가는 사람들이 얼마나 힘들고 아픈지를 시를 통해 표현했습니다. 그는 '몸' 대신 '말'과 '글'로 싸운 독립운동가였습니다. 그의 대표작 〈서시〉에 그 시대를 산 한 청춘의 고뇌가 여실히 드러납니다.

죽는 날까지 하늘을 우러러

한 점 부끄럼이 없기를,

잎새에 이는 바람에도

나는 괴로워했다.

별을 노래하는 마음으로

모든 죽어가는 것을 사랑해야지

그리고 나한테 주어진 길을

걸어가야겠다.

오늘 밤에도 별이 바람에 스치운다.

정말 아름답지 않습니까? 저는 문학은 잘 모르기에 문학적 완성도에 대해서는 말하기 어렵지만, 역사적 의미만 놓고 봐도 분명 훌륭하고 아름다운 시라는 생각이 듭니다. 시대의 풍파 속에서 흔들리고 변절하는 사람들이 수두룩한 가운데, 자신은 온갖 괴로움에도 불구하고 주어진 길을 가겠다는 다짐이 어찌 아름답지 않을 수 있겠습니까.

윤동주의 이런 결연한 의지에는 그의 절친 송몽규가 많은 영향을 끼친 것으로 알려져 있습니다. 이 두 사람의 인연이 참 특별합니다. 둘은 1917년 같은 해에 태어나 같은 초등학교, 중학교, 대학교를 졸업하고 함께 시인이 되었습니다. 송몽규가 신춘문예에 당선되면서 먼저 등단했는데, 얼마 후 그는 작가의 길을 벗어 던지고 독립운동가의 길을 걷습니다. 대한민국 임시 정부로 간 것이죠. 오랜 꿈을 뒤로하고 고행을 자처하는 친구의 용기, 그 모습을 본 윤동주는 놀라고 또 부끄러웠던 모양입니다.

결국 둘은 함께 일본으로 건너가 유학 생활을 하던 중 한국인 유학생들을 대상으로 독립과 민족 문화의 수호를 선동했다는 죄목으로 일본 경찰에 체포됩니다. 두 사람 모두 치안유지법 위반으로 각각 징역 2년의 형을 선고받습니다. 그리고 1년 뒤 윤동주는 감옥에서 원인을 알 수 없는 죽음을 맞이하죠. 곧이어 송몽규마저 숨을 거둡니다. 윤동주는 1945년 2월, 송몽규는 그해 3월에 사망했는데, 그때 둘의 나이 고작 스물여덟이었습니다.

어떤 사람들은 일제 강점기 때 일본에 협력하지 않은 사람이 어디 있느냐, 그 시대는 다 그랬다고 주장하며 반민족 행위자들에 대한 비판을 멈추라고 말하기도 합니다. 하지만 결코 동의할 수 없는 이야기입니다. 윤동주와 송몽규처럼 목숨을 내어 일제에 저항한 수많은 청춘이 있는데 일제에 빌붙어서 호의호식한, 심지어 같은 민족인 한국인들을 전쟁터로 끌고 나가기까지 한 반민족 행위자들에게 면죄부를 주라니요. 이분들 앞에서 "그땐 다 그랬다"고 말하는 건 결코 예의가 아니라는 생각이 듭니다.

역사를 돌이켜보면 당대에 지지를 받은 결정이 후대에는 치욕적인 결정, 실패한 역사로 남기도 하고, 당대에 수많은 비난을 받은 결정이 훌륭한 업적으로 기록되기도 합니다. 역사는 선조들의 선물이자 현재와 미래를 위해 조언해줄 수 있는 큰 흐름입니다. 선택의 자취가 남아 있는 역사 속 장면들을 떠올리면 올바른 선택을 위한 해결책을 얻는 데 도움이 되리라 생각합니다. 선택이 쉽지 않을 때, '지금 당장'보다는 '먼 훗날'을 떠올려보며 이 선택이 시간이 흘러서도 계속 옳은 결정일지, 상황이 지금과 달라지면 잘못된 결정이 되는 것은 아닐지 생각해보는 겁니다.

우리는 모두 염치와 부끄러움을 압니다. 이 감정들은 남을 위하는 거창한 마음이 아닙니다. 그저 나 좋자고 남에게 피해를 주는 일은 없는지 주위를 살피는 정도의 노력만으로도 떨칠 수 있는 감정입니다. 윤동주의 시처럼 "하늘을 우러러 한 점 부끄러움 없는" 삶은 시인 그 자신에게도 불가능한 일이었을 겁니다. 그래서 그는 목숨을 다해 부끄러워했습니다. 우리는 오늘 부끄럽지 않은 하루를 보냈을까요. 저는 문득 두렵습니다.

역사 속으로 한 걸음 더

문학으로 꽃핀 애국의 심장

윤동주 1917~1945

만주 명동촌에서 태어나 명동소학교에 다녔다. 사촌 송몽규와 함께 지금의 연세대학교인 연희전문학교 문과대학에 진학했고, 1942년 일본으로 건너가 도쿄의 릿쿄 대학 영문과를 다니다 도시샤 대학 영문과로 옮겼다. 1943년 도시샤 대학 재학 중 항일운동을 했다는 혐의로 체포되어 후쿠오카 형무소에 수감되었고, 1945년 2월 감옥에서 생을 마감했다. 감옥에서 벌어진 일제의 생체 실험 때문에 사망했다는 주장도 있다. 연희전문학교 재학 시절 많은 시를 남겼고, 사후에 친구들이 유작 <쉽게 씌어진 시>와 다른 작품들을 모아 《하늘과 바람과 별과 시》라는 제목으로 시집을 발간했다.
윤동주는 직접적인 무력 투쟁은 하지 않았지만, 자신의 뜻을 굽히지 않은 저항시를 통해 자신의 행적을 반성하고 이에 대해 부끄러움을 나타낸 것으로 유명하다.

송몽규 1917~1945

만주 명동촌에서 태어나 윤동주와 함께 명동소학교를 다녔다. 열여덟의 나이로 윤동주보다 앞서 〈동아일보〉 신춘문예에 당선되었으나, 작가의 길을 뒤로하고 독립운동에 뛰어들었다. 중학교 중퇴 후 김구가 이끄는 군관학교에 입학해 독립군이 되기 위한 군사 훈련을 받기도 했다. 중국에서 독립운동을 하던 중 일본 경찰에 체포되어 취조를 받고 일제의 감시 대상이 되었다. 이후 학업에 전념해 연희전문학교에 사촌 윤동주와 함께 진학, 1942년 일본 유학길에 올라 교토제국 대학 사학과에 입학했다. 1943년 '재교토 한국인학생민족주의그룹 사건'의 핵심 인물로 체포되어 윤동주와 같은 후쿠오카 형무소에 수감되었다가 1945년 3월 감옥에서 생을 마쳤다.

서정주 1915~2000

1915년 전라북도 고창군 부안면 선운리에서 태어났다. 어린 시절에는 서당에서 공부를 하다가 1924년 인근의 줄포로 이사하여 줄포공립보통학교에 입학해 1929년 졸업했다. 1930년 광주학생항일운동 1주년 기념 학생 운동을 이끈 혐의로 구속되어 퇴학당한다. 1936년 <동아일보> 신춘문예에 당선되며 시인으로 활동했다. 1942년부터 본격적으로 시·소설·평론 등을 통해 일제에 협력했다. <징병 적령기의 아들을 둔 조선의 어머니에게>, <오장 마쓰이 송가> 등 태평양 전쟁을 미화하며 학병 지원을 권유하고 징병의 필요성을 주장하는 글을 많이 썼다. 광복 이후 <귀촉도>, <동천>, <국화 옆에서> 등의 작품을 남기며 뛰어난 문학가로 평가받기도 했지만, 일제 강점기 일제에 협력한 행적이 드러나 2020년 친일 반민족 행위자로 규정됐다.

1942년 여름방학에 귀향한 윤동주(뒷줄 오른쪽)와 송몽규(앞줄 가운데)

一
生
一
問

여덟 번째 질문

나는 왜
방황을 반복하는가

발상의 전환이 만든 반전의 묘

23전 23승

세계 해전사에서도

전례를 찾아볼 수 없는

불패의 신화

300척이 넘는 왜군의 함대와

그의 20분의 1도 되지 않는 배를 이끄는 장수

그가 잃지 않았던 마음가짐

"이길 준비는 끝났다."

얼핏 승리를 향한

막연한 열망처럼 보이는 그의 다짐

하지만

우리 수군의 승리는

치밀한 연구를 통해 도출해낸

분석의 결과

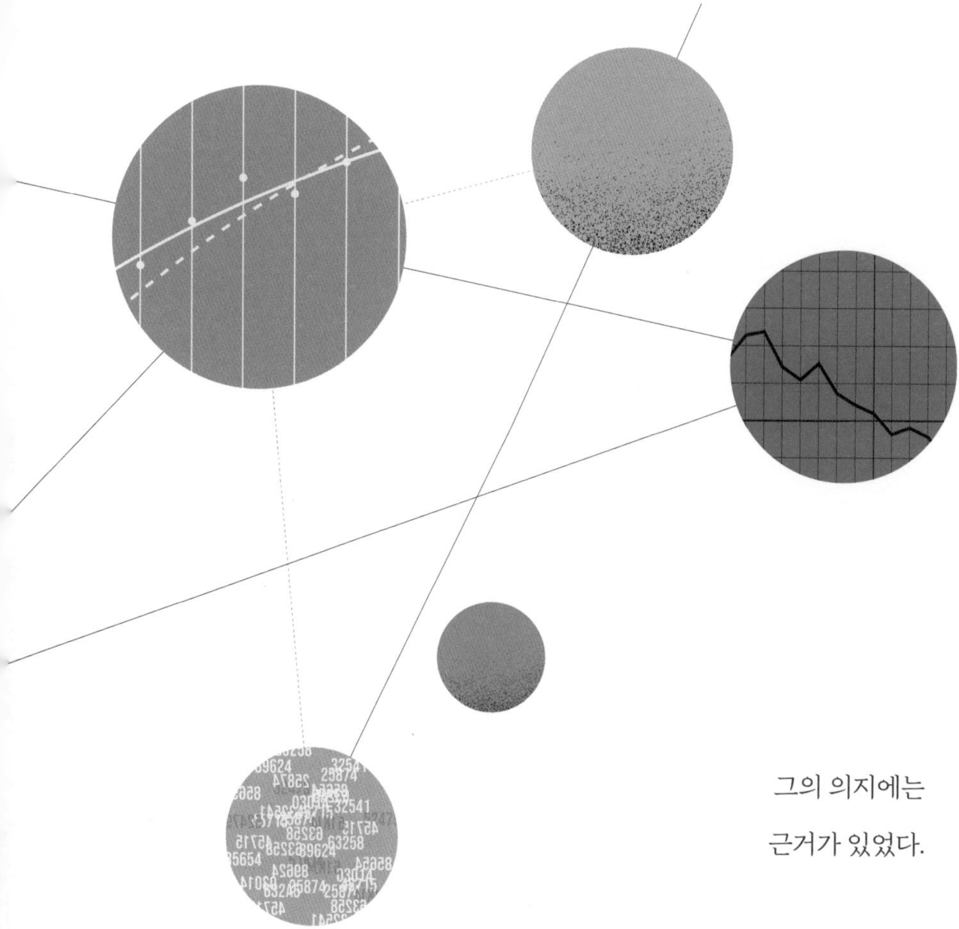

그의 의지에는

근거가 있었다.

왜군과 우리의 무기 전력 분석

"우리 수군의 화포가
일본의 조총보다 더 강력하다.
따라서 근접전을 통한 백병전보다
거리를 두고 화포 공격으로 적을 섬멸한다."

함선을 한 척이라도 잃는다면
크나큰 손실이 생기는 상황

백병전 대신
다양한 화포를 배에 실어
원거리 방어전을 확대하는 전략

해상의 조류,

지형적 특징을 분석한 전술 구축

"전투가 벌어질 장소를 우리가 결정한다.

좁은 길목으로 적을 유인해

전열을 흐트러뜨리고

적과의 거리를 미리 계산해 유지한다."

300척이 넘는 왜군의 함대 중

좁은 울돌목을 통과한 왜선은

고작 133척

지형지물만으로

절반 이상의 적군을

떨쳐낸 지략

칠천량 해전의 승리로
사기가 하늘을 찌르는 왜군,
그들이 조선 땅 지척까지 끌고 온
130여 척의 함대

VS.

필사즉생의 결의를
가진 장수,
그가 이끄는 13척의 판옥선

그 전투의 결과는 다음과 같다.

"패배하여 도망치는 적병의 뒤를 쫓아
목을 베어 죽인 것이 수백여 급이고
무사히 탈출한 적선이 겨우 10여 척뿐이었으며
아군의 배는 모두 무사했다."

- 조경남, 《난중잡록》

"적의 배는 겨우 10여 척이
도망쳤을 뿐이고
우리 배는 모두 무탈했다."

- 이긍익, 《연려실기술》

철저한 준비와

구체적인 전략 분석

단점은 줄이고

장점은 극대화했을 때

비로소 완성되는

반전의 묘

싸워서 이기는 것이 아니라

이겨놓고 싸운다.

"방황과 변화를 사랑한다는 것은 살아 있다는 증거다."

독일 작곡가 바그너의 말입니다. 명언이라고 회자되는 말들을 보면, 어떻게 이런 통찰력 깊은 생각을 하고 이토록 멋진 표현을 할까 싶어 절로 무릎을 치게 됩니다. 바그너의 이 말 역시 이리저리 흔들리며 헤매는 자신을 두고 고민하는 사람들에게 '살아 있으니 방황하고 변하는 것은 당연하다'는 위로를 건네고, '그러니 더더욱 방황하고 변하며 살아가도 된다'고, '그래야 삶이 더욱 생기 있다'고 용기를 북돋우는 멋진 말이라는 생각이 듭니다. 저라면 이렇게밖에 이야기하지 못할 것 같거든요.

"세상에 방황하지 않는 사람이 어디 있니?
너만 그런 것이 아니니 너무 고민할 필요 없어. 파이팅! 아자 아자!"

그런데 제 말, 바그너처럼 멋진 표현은 아니지만 맞는 말이긴 합니다. 사람은 누구나 다 방황을 하거든요. 혹시 그리스도교의 가장 위대한 철학자로 불리는 아우구스티누스가 젊은 시절 어마어마하게 방황했다는 사실을 아시나요? 학창 시절 그는 공부는 멀리한 채 난폭한 학생 집단과 어울려 다니고 연애에만 열중하는 등 쾌락을 추구하며 살았다고 합니다. 성인이 된 후에도 "결혼은 좋은 가문의 여자와 하고 싶다"는 말도 안 되는 이유로 자신의 아이를 임신한 애인을 버리기도 했고요. 그야말로 탕아 중의 탕아였던 아우구스티누스는 어떻게 젊은 날의 방황을 끝내고 존경받는 철학자가 될 수 있었던 걸까요? 그의 말에 힌트가 담겨 있습니다.

"밖으로 나가지 마라. 그대 자신 속으로 돌아가라.
인간의 내면에 진리가 자리 잡고 있다."

어느 날 우연히 《성서》를 접하며 그간 자신이 얼마나 잘못 살아왔는지 처절히 깨달은 아우구스티누스는 그때부터 스스로를 파고들었다고 합니다. 왜 그런 실수와 잘못을 범했던 것인지 그 원인을 알고자 자신의 내면을 샅샅이 파헤치고, 그 잘못이 얼마나 큰지 뼈저리게 반성하며, 하나씩 하나씩 깨달음을 얻어간 거죠. 외면하고 싶고 지워버리고 싶은 부끄러운 모습과 마주하는 일, 그게 얼마나 어렵고 힘든 일인지 우리 모두 잘 압니다. 그 고통스러운 일을 피하지 않고 계속했기에 아우구스티누스는 인류에게 위대한 가르침을 주는 철학자로 거듭날 수 있었던 것은 아닐까요? 어떻게 보면 젊은 시절의 방황이 위대한 철학자를 탄생시켰다고도 할 수 있지요. 아우구스티누스는 이런 말을 남겼습니다.

> **"당신을 괴롭히고 슬프게 하는 일들을 하나의 시련이라고 생각하라. 쇠는 달구어야 굳는다. 당신도 지금의 그 시련을 통해 더욱 굳건한 정신을 얻게 될 것이다."**

아우구스티누스처럼 젊은 날의 좌절과 방황을 거쳐 역사의 위인으로 자리한 또 한 사람이 있습니다. 세종대왕과 더불어 한국인이 가장 존경하는 인물이자 '성웅'이라고까지 불리는 사람, 바로 이순신 장군입니다.

사실 젊은 시절의 이순신은 우리가 알고 있는 영웅의 모습과는 거리가 좀 있었습니다. 임진왜란 당시 23전 23승을 거둔 불패의 신화, 철저한 준비와 전략으로 절대 지지 않은 이 명장의 젊은 날은 뜻밖에도 우리와 별반 다르지 않았습니다. 청년 이순신은 원래 문과를 준비했으나 뒤늦게 진로를 변경, 스무 살이 넘어서야 무과 준비를 시작합니다. 늦은 만큼 열심히 노력해서 스물여덟 살에 처음으로 훈련원 별과에 응시했는데, 안타깝게도 말에서 떨어지며 왼쪽 다리를 다쳐 실격합니다. 이후 이순신은 4년을 더 준비해 무과에 급제했고, 서른두 살이 되어서야 관직에 오릅니다.

무관이 되어서도 그의 길은 그리 순탄치 못했습니다. 이순신이 조산보만호 겸 녹도둔전사의로 근무할 때의 일입니다. 이순신이 국방 강화를 위해 군사 지원을 요청했지만 조정에서는 이를 들어주지 않았고, 얼마 후 여진족이 침입해 조선의 군사와 백성이 피해를 입는 일이 벌어졌습니다. 그러자 조정에서는 이를 모두 이순신의 책임으로 돌리고 문책했죠. 이로 인해 결국 이순신은 첫 번째 백의종군의 길을 가게 됩니다. 백의종군이란 관직을 내려놓고 일반인의 신분으로 군대를 따라 싸움터로 가서 도움을 주는 역할을 말합니다.

이 사건 외에도 이순신은 관직 생활 중 많은 곤경과 부침을 겪었습니다. 조선 삼도수군통제사가 되어 그 이름만으로도 일본군을 벌벌 떨게 만드는 위용을 자랑하고, 세계 전쟁사에서도 유례를 찾기 어려울 정도의 연승을 거두기까지 오랜 방황과 좌절의 시간이 있었던 것이죠. 이순신은 그 시간들을 과연 어떻게 이겨냈을까요? 그가 고통과 절망을 극복할 수 있었던 힘의 비밀을 저는 그 유명한 명량해전에서 찾아보려고 합니다.

승승장구하는 조선 수군을 보고만 있을 수 없었던 일본은 이순신 제거 작전에 들어갑니다. 당시 일본군을 이끄는 양대 축은 고니시 유키나가와 가토 기요마사로 둘은 앙숙 관계였는데, 어느 날 고니시가 조선 조정에 가토의 이동 경로를 흘립니다. 둘 사이가 나쁘다는 것을 알고 있었던 조정은 옳다구나 하며 이순신에게 거기로 가서 가토를 치라고 명하죠. 그러나 그 정보가 함정이라는 사실을 뻔히 알고 있던 이순신은 움직이지 않았습니다. 그러자 선조는 조정을 기만했다고 화를 내며 이순신을 죽이라고 명합니다. 다행히 그간의 공로가 매우 큰 덕에 겨우 목숨을 부지한 이순신은 다시 한번 백의종군하게 됩니다. 이렇게 이순신이 파직되자 '때는 지금이다' 싶었던 일본은 정유재란을 일으킵니다.

정유재란 당시 벌어진 칠천량해전에서 거침없이 밀려오는 왜군에 조선 수군은 속수무책으로 당하고 말죠. 옆에서 배가 가라앉고 동료들이 총과 활을 맞은 채 바다에 빠지자, 자신도 그렇게 될까 봐 공포에 떨던 수군은 결국 목숨을 구하고자 피신하고, 그렇게 12척의 배가 뱃머리를 돌리고 맙니다.

칠천량해전에서 대패한 후 조정은 다시 이순신을 전장으로 불러냅니다. 삼도수군통제사로 복귀한 이순신은 각지를 돌아다니며 병사들을 모으고 군량과 무기를 구합니다. 그렇게 병사와 식량, 무기는 어찌어찌 갖출 수 있었는데 문제는 배였습니다. 바다에서 싸우려면 배가 필요한데, 이 배는 하루아침에 뚝딱 만들 수 있는 게 아니니까요. 그러던 중 칠천량해전에서 도망친 12척의 배가 있다는 사실을 알게 됩니다. 자신의 부하들이 싸우지 않고 도망쳤다는 사실은 분개해 마땅한 일이었지만, 그 상황에서는 분노보다 반가움이 앞섰습니다. 그토록 간절했던 배가 확보된 만큼 이제 부대를 꾸리게 되었는데, 이때 또다시 좌절할 수밖에 없는 명이 떨어집니다. 가망이 없으니 조선 수군을 폐하고 육군으로 합류시키라는 어명이었죠. 이에 이순신은 결단을 내리고 그 유명한 장계를 올립니다.

"

임진년부터 5~6년 동안
적이 호서와 호남을 감히 공격하지 못한 것은
수군이 그 길목을 막고 있었기 때문입니다.

지금 신에게는 오히려 12척의 배가 있사오니
죽을힘을 다하여 싸우면 이길 수 있습니다.

지금 만약 수군을 없앤다면
이것이야말로 적들이 다행으로 여기는 바이며,
적들은 호서를 거쳐 한강에 다다를 것이니
소신이 두려워하는 바입니다.

전선은 비록 수가 적으나,
미천한 신이 아직 죽지 않았으니
적들이 감히 우리를 업신여기지 못할 것입니다.

"

이후의 결과는 우리 모두 아는 대로입니다. 이순신 장군이 이끄는 조선 수군은 고작 12척에 1척을 더한 13척의 배로 130여 척의 배를 이끌고 조선의 영해로 쳐들어온 일본 수군을 막아내고 기적적인 승리를 이뤄냅니다. 저는 이 대단한 승리의 초점을 이순신 장군이 아닌 12척의 배에 맞춰보고 싶습니다.

명량해전에서 두려움과 공포를 무릅쓰고 일본군에게 돌격해 대승을 거둔 12척의 배. 이 배는 칠천량해전에서 목숨을 구하고자 도망치기 바빴던 바로 그 배들입니다. 분명 같은 12척의 배인데 결과는 완전히 달랐지요.

우리는 모두 12척의 배를 가지고 있을 겁니다. '12척밖에 남지 않았는데 어떻게 이기겠어. 어서 도망가야지'라고 생각하는 사람이 있을 거고, '우리에겐 아직 배가 12척이나 있다. 그러니 해볼 만하다'라고 생각하는 사람이 있을 겁니다. 여러분의 배는 어떤가요?

'12척밖에 없는 배'인가요, '12척씩이나 있는 배'인가요?

칠천량해전에서는 겨우 12척밖에 남지 않아 도망친 그 배를 이순신은 오히려 12척씩이나 남았다고 했습니다. 이러한 생각의 전환, 극한의 어려움 속에서도 찾아내는 희망, 어려움에 당면했을 때 포기하지 않고 그 속에서도 희망을 찾아낸 결과는 실로 놀랍고 대단했습니다.

그리고 젊은 시절의 이순신이 좌절과 방황을 이겨낸 힘도 여기에 있지 않았을까 싶습니다. 늘 위기 속에서 기회를 찾아온 그였으니, 젊은 시절에 반복된 좌절과 그로 인한 방황 역시 자신을 단련시키는 기회로 여기며 이겨냈던 것은 아닐까요? 젊은 이순신은 '이제야' 무과 공부를 시작했으니 늦어도 한참 늦었다고 자책하는 대신, '이제라도' 적성에 맞는 무과 공부를 시작할 수 있어 다행이라며 스스로를 북돋우지 않았을까 싶습니다.

학생 때는 꿈을 찾지 못해 방황하고, 어렵게 들어간 직장에서는 '이 일이 내가 정말 하고 싶은 일인지, 지금이라도 새로운 길에 도전해야 하는 건 아닌지' 고민하고, 나이는 먹을 만큼 먹었는데 어른이 되려면 한참 먼 것 같아서 낙담하고…. 시간이 흐를수록 쉬워지기는커녕 갈수록 어렵고 복잡해지는 인생 속에서 우리는 모두 방황을 반복합니다. 가끔은 이런 내가 답답하고 한심해 스스로 따져 묻기도 하죠.

'나는 왜 이토록 계속 방황하는 걸까?
대체 언제쯤 중심을 잡고 흔들리지 않을 수 있을까?'

지금 이런 고민으로 힘들어하고 있다면, '나는 왜 방황을 반복할까'라는 의문에 괴로워하고 있다면, 아주 잘하고 있는 겁니다. 아우구스티누스가 말했듯 지금의 방황과 시련은 우리의 정신을 더욱 굳건하게 만들 테니까요. 그리고 그 과정에서 이순신이 보여준 발상의 전환을 기억하세요. 어떤 상황이라도 희망의 단서를 찾아 내 것으로 만든다면, 지금의 방황을 발판 삼아 더 나은 내일로 뛰어오를 수 있다고 저는 믿습니다.

침략의 역사,
그 속에서 지켜낸 위대한 승리

임진왜란

1592년부터 1598년까지 일본이 조선을 2차에 걸쳐 침략해 일어난 전쟁. 일본의 전국 시대를 끝낸 도요토미 히데요시는 조총으로 무장한 대군을 이끌고 조선을 침략했다. 오랜 평화로 전쟁에 대한 대비가 되어 있지 않았던 조선은 전쟁 초기 수세에 몰렸으나 이순신이 이끄는 수군과 곽재우 등 각지에서 일어난 의병의 활약, 명군의 지원으로 전세를 역전시켰다. 일본의 요구로 휴전 회담이 시작되었으나 3년 여에 걸친 휴전 협상이 결렬되자 일본은 다시 군사를 이끌고 조선을 침입했는데 이를 정유재란(1597)이라고 한다. 이순신이 이끄는 조선 수군이 명량대첩에서 일본 수군을 상대로 큰 승리를 거두면서 전세가 불리해진 일본군은 도요토미 히데요시가 죽자 본국으로 철수했고, 노량해전을 마지막으로 7년간의 전쟁이 끝났다.

명량해전

정유재란 발발 당시 파직된 이순신 대신 원균이 지휘하던 조선 수군은 칠천량에서 일본 수군에 대패해 궤멸 상태에 빠졌다. 이에 선조는 파직했던 이순신을 다시 삼도수군통제사로 임명하고 조선 수군을 맡긴다. 이순신은 전열을 재정비하고, 칠천량해전 때 탈출한 12척의 전선과 추가로 1척을 수습한다. 이순신은 수군을 이끌고 서해 진출의 길목인 명량을 수비하기 위해 이동했고, 명량의 좁은 물길과 물살을 전술로 활용해 조선 수군의 열 배가 넘는 배를 이끌고 들어온 일본 수군을 상대로 대승을 거뒀다. 명량해전의 승리로 조선은 일본군의 서해 진출을 차단하고 전쟁을 유리하게 이끌 수 있었다.

一
生
一
問

아홉 번째 질문

누구를 믿을 것인가

소나무의 삶

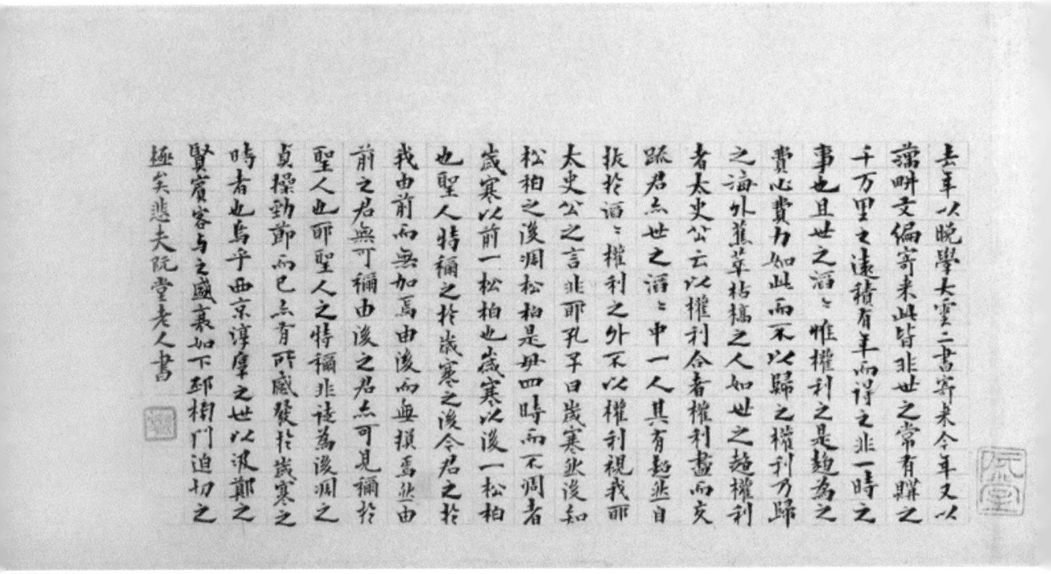
去年以晚學大雲二書寄來今年又以
藕畊文偏寄來此皆非世之常有購之
千万里之遠積有年而得之非一時之
事也且世之滔滔惟權利之是趨爲之
費心費力如此而不以歸之權利乃歸
之海外蕉萃枯槁之人如世之趨權利
者太史公云以權利合者權利盡而交
疏君亦世之滔滔中一人其有超然自
拔於滔滔權利之外不以權利視我耶
太史公之言非耶孔子曰歲寒然後知
松柏之後凋松柏是毋四時而不凋者
歲寒以前一松柏也歲寒以後一松柏
也聖人特稱之於歲寒之後今君之於
我由前而無加焉由後而無損焉然由
前之君無可稱由後之君亦可見稱於
聖人也耶聖人之特稱非徒爲後凋之
貞操勁節而已亦有所感發於歲寒之
時者也烏乎西京淳厚之世以汲鄭之
賢賓客與之盛衰如下邳榜門迫切之
極矣悲夫阮堂老人書

19세기를 대표하는 수묵화이자

국보 제180호로 지정된

추사 김정희의

<세한도>

하얀 눈밭 위에 작은 집 한 채,

그 집을 둘러싸고 있는

거친 필치로 그려낸

소나무와 잣나무

어딘지 모를

쓸쓸함과 황량함이 느껴지는

이 그림에 숨은 사연

세한연후지 송백지후조

(歲寒然後知 松栢之後凋)

"한겨울 날씨가 추워져서야
소나무와 측백나무가
시들지 않음을
비로소 알 수 있다."

-《논어》, <자한편>

세파에 휘말려
겨우 목숨만 부지한 채 유배된
영토의 끝, 제주

모두가 자신에게
등을 돌린 그때

붓 한 자루 들여오는 일도 쉽지 않은
그 머나먼 섬으로
중국에서 출발한 서책들이 도착한다.

가시 울타리에 갇혀 지내는 스승을 위해

서책을 찾아 책 수레를 끌고 바다를 건넌

제자 이상적

그가 보내온

《황조경세문편》

120권 79책

"지금 그대가 나를 대하는 것을 보면,
내가 곤경을 겪기 전에 더 잘 대해주지도 않았고
곤경에 처한 후에 더 소홀히 대해주지도 않았다.
그러나 나의 곤경 이전의 그대는 칭찬할 만한 것이 없겠지만,
나의 곤경 이후의 그대는
역시 성인으로부터 칭찬을 들을 만하지 않겠는가?
성인께서 유달리 칭찬하신 것은
단지 엄동을 겪고도 꿋꿋이 푸르름을 지키는
송백의 굳은 절조만을 위함이 아니다.
역시 엄동을 겪은 때와 같은 인간의 어떤 역경을 보시고
느끼신 바가 있어서이다."

- 김정희, 〈세한도〉 발문 중에서

이제 곧 쓰러질 듯 불안한 나무 곁으로
스스럼없이 다가와
의지가 되어준 나무 한 그루

힘이 있을 때든 없을 때든
인간을 향한 태도를 바꾸지 않은 그에게서
신의의 조건을 배운다.

100년 넘게 동맹을 이어온 신라 진흥왕에게 배신당한 백제 성왕, 조카 단종을 내쫓고 왕위를 빼앗은 수양대군 등 역사는 우리에게 영원한 아군도, 영원한 적군도 없다는 것을 알려줍니다. 냉정하게 말하면 믿을 건 오직 나 자신뿐이라는 생각마저 들기도 합니다.

배신이라고까지 표현하기는 어려울지 모르나 가까운 사람, 믿었던 사람이 실망을 안겨주거나 신뢰를 저버리는 일은 오늘날에도 심심치 않게 볼 수 있습니다. 책임감 강하고 똑똑하다고 판단해 '팀플' 과제 발표를 맡긴 친구가 발표 당일 연락이 두절된다거나, 좋은 상사라고 여겼던 사람이 내 성과를 몰래 가로챈다거나, 친구라고 생각했는데 뒤에서 내 욕을 하고 다녔다거나 하는 일이 벌어지는 거죠. 이런 일들을 겪고 나면 깊이 고민하게 됩니다.

'누구를 믿을 것인가. 대체 어떤 사람을 믿어야 하는가.'

믿을 수 있는 사람이 어떤 사람인지를 분명하게 정의하기는 어렵습니다. 다만 우리가 믿고 따를 만한 역사 속 인물들을 통해 신뢰의 조건을 알아보고자 합니다. 우선 인생의 스승으로 삼기에 충분한 인물을 소개할 텐데요, 바로 조선 시대 최고의 성리학자 퇴계 이황입니다.

지금 1,000원짜리 지폐를 꺼내 이황의 얼굴을 한번 보세요. 우리가 생각하는 성리학자의 이미지처럼 엄격하고 깐깐하게 제자들을 대하는, 꼬장꼬장한 모습이 보이지 않나요? 하지만 퇴계 이황은 요즘 말로 정말 '쿨'하다는 표현이 어울릴 정도로 열린 사고를 가진 선비였습니다. 특히 고봉 기대승과의 논쟁이 이런 모습을 잘 보여주죠.

기대승은 과거 급제 후 당시 큰 학자라 할 수 있는 이황을 찾아가 정중하게 만남을 청했고, 이황이 이를 받아들이면서 두 사람의 첫 만남이 이루어집니다. 당시 패기 넘치던 신출내기 유학자 기대승은 이황의 성리학 이론에 대한 자신의 견해를 밝히고, 이에 대해 이황이 기대승에게 편지로 답하면서 뜨거운 논쟁이 펼쳐지는데, 이 논쟁은 무려 8년간이나 지속됩니다. 더욱 놀라운 사실은 사단칠정에 대해서만 8년간 논쟁이 펼쳐졌고, 두 사람이 편지를 주고받은 기간은 총 13년이었다는 것입니다.

당시 기대승은 서른두 살, 이황은 쉰여덟 살로 아버지와 아들뻘인데다 벼슬도 크게 차이가 났습니다. 기대승은 갓 과거에 급제해 벼슬을 단 종9품, 지금으로 치면 9급 공무원인 반면 이황은 당시 3품인 성균관 대사성을 마치고 공조참판 자리에 올랐지요. 성균관 대사성은 지금으로 치면 국립대학 총장급이고 공조참판은 장관급이라고 할 수 있습니다. 나이와 직급의 까마득한 차이에도 불구하고 이황은 기대승을 학자로서 존중하며 항상 공손한 태도로 대했습니다. 이들의 토론은 기대승이 의문을 제기하면 이황이 이에 답하는 식으로 진행되었는데, 토론은 무척 첨예했지만 항상 서로에게 예를 다했다고 합니다. 그러니까 무려 13년이라는 시간 동안 이어질 수 있었던 것이죠.

기대승이 어리지만 워낙 뛰어나서 존중했던 것 아니냐고요? 이황은 기대승뿐만 아니라 모든 제자를 항상 예로써 대하고 공경했던 것으로 유명합니다. 아무리 지체가 낮고 어린 제자도 소홀히 대접하지 않았으며, 친구를 대하듯 예를 갖추어 대했다고 합니다. 또 이황은 배움에 뜻이 있는 사람은 신분과 관계없이 제자로 맞았는데, 이를 보여주는 일화가 하나 있습니다. 신분은 천하지만 학문을 무척이나 좋아한 대장장이가 있었는데, 이황이 제자들에게 글을 가르칠 때면 뜰 한구석에 자리를 잡고 매우 열심히 강의를 들었습니다. 이를 본 이황이 그를 불러 강의 내용에 대해 물으니 대부분 이해했고, 이후 이황은 그 대장장이와 제자들을 함께 가르쳤다고 합니다. 시간이 흘러 이황이 고향으로 돌아가자 대장장이는 철상을 만들어 아침저녁으로 인사를 한 후 그 앞에서 공부를 했으며, 이황이 세상을 떠나자 3년 동안 상복을 입고 생활하면서 매일 철상 앞에서 제사를 지냈다고 합니다. 조선 사회에서 대장장이는 상민 신분이었는데, 엄격한 신분제 사회인 조선에서 이황은 배움에 뜻이 있는 사람은 차별하지 않고 가르쳤고, 제자는 그 은혜를 스승의 사후에까지 갚고자 한 것입니다.

사실 이황은 신분에 얽매이지 않고 모든 사람을 존중했습니다. 그가 아끼던 맏손자 이안도가 아들을 낳아 증손자를 얻었을 때의 일입니다. 이황은 크게 기뻐하며 편지로나마 증손자의 건강을 살뜰히 살폈습니다. 하지만 이안도의 아내가 아이를 낳은 지 6개월 만에 다시 임신을 해 젖이 끊겼고, 어머니의 젖을 충분히 먹지 못해서인지 이황의 증손자는 병치레가 잦았습니다. 그 와중에 딸을 출산한 아내가 여전히 젖이 모자라서 어려움을 겪자 이안도는 이황 집에서 아이를 낳은 지 얼마 되지 않은 여종을 자기 집으로 보내달라고 편지를 보냅니다. 이 편지를 본 이황은 손자를 크게 꾸짖습니다.

그 여종은 천민이었고, 당시는 노비가 집안의 재산으로 취급받던 시절이었습니다. 하지만 이황에게 그 여종은 노비이기 전에 한 아이의 어머니였습니다. 자신의 증손자를 위해 그 여종의 아이를 희생시킬 수는 없었던 것이죠.

우리가 익히 아는 이황은 주자의 사상을 깊이 연구해 성리학의 기초를 형성한 유학자의 모습입니다. 하지만 일상의 이황은 여종의 자식, 대장장이 제자에게까지 다정하고 따듯한 사람이었으며, 다른 사람을 항상 존경하는 마음으로 대하는 인물이었습니다. 퇴계(退溪), 그의 호처럼 이황은 타인과의 관계에서 자신의 뜻을 관철시키기 위해 신분, 관직 등으로 지배하기보다 한 걸음 물러나 진심과 정성으로 사람을 섬기고 배려로 다스린 진정한 학자였다고 할 수 있습니다. 어떤가요? 이런 사람이라면 믿을 수 있다는 생각이 들지 않으세요?

이황을 통해 알 수 있는 신뢰의 조건은 존중과 배려, 예의입니다.

"

남의 자식을 죽여
자기 자식을 살리는 것은
매우 옳지 못하다.
지금 네가 하는 일이 이와 같으니
어쩌면 좋으냐.
…
꼭 여종을 보내야 한다면
여종의 아이도 같이 보내
두 아이를 함께 키우는 것이 나을 것이다.
자기 아이를 버려두고 가게 하는 것은
사람으로서 차마 못 할 노릇이다.

"

- 1570년 4월 5일, 이황이 손자 이안도에게 보낸 편지

나를 늘 배려하고 존중하며 예의로 대하는 사람이라면, 믿어도 좋겠다는 생각이 듭니다. 하지만 그보다 더욱 주목할 점은, 이황의 '한결같음'입니다. 이황은 누구에게든, 언제든 같은 태도를 보였습니다. 상대의 신분이 높든 낮든, 나이가 많든 적든, 자신이 교단에 섰을 때든 일상생활을 할 때든, 늘 상대를 존중했죠. 이 한결같은 태도는 신뢰의 조건에서 가장 중요한 점이 아닐까 싶습니다.

설사 나를 늘 존중하고 배려하는 사람일지라도, 만약 그가 자기보다 못하다고 생각하는 사람을 막 대한다면 어떨까요? 지금은 내가 필요하고 나를 좋아해 예의로 대하지만, 상황이 달라지면 내게 함부로 행동하지 않을 거라 장담하기 어렵다는 생각이 듭니다. 이황의 배려와 존중이 더욱 빛나는 이유는 그것이 언제든, 누구에게든 한결같았기 때문임을 기억해야겠습니다. 누구를 믿을 것인지를 판단할 때도 그렇지만, 자신이 누군가에게 신뢰를 주고자 할 때도 마찬가지겠죠.

'한결같음'이 신뢰의 제1조건임을 보여주는 또 다른 역사적 사례가 있습니다. 〈세한도〉로 유명한 추사 김정희와 그의 제자 이상적의 이야기입니다.

김정희는 18세기 말 꽤나 권세 있는 명망가 집안에서 태어났습니다. 영조가 무척 사랑한 딸인 화순 옹주의 증손자인 데다 그의 아버지 김노경도 조정에서 요직을 두루 거친 인물이었죠. 서른네 살에 과거에 급제한 김정희는 조정의 각종 요직을 맡으며 승승장구했는데, 이후 효명 세자의 스승이 되면서 안동 김씨의 손아귀에 들어가 있는 조선 사회를 개혁하고자 합니다.

그러던 중 효명 세자가 죽자 김정희 부자의 운명 역시 위태로워집니다. 세도 정치의 소용돌이 속에서 결국 부친 김노경이 안동 김씨 세력에 의해 탄핵을 받고 유배되고, 이후 김정희 부자는 한동안 벼슬에 오르지 못하게 되죠. 아버지가 돌아가신 뒤 김정희 역시 안동 김씨 세력의 공격을 받는데, 유배형 중에서도 극형인 위리안치형을 받고 제주도로 귀양을 가게 됩니다. 위리안치형이란 죄인이 유배지에서 달아나지 못하도록 가시로 울타리를 만들고 그 안에 가두는 벌이었습니다.

김정희는 머나먼 섬 제주도에서 가시 울타리에 갇혀 고립된 삶을 살아가는데, 귀양살이를 하는 그의 유일한 낙은 책 읽기였습니다. 하지만 유배지에서 서책을 구하기는 너무나 힘든 일이었죠. 그런 그에게 때마다 찾아와 서책과 세상의 소식을 전해주는 이가 있었습니다. 그의 제자 이상적이었죠.

권력이 있을 때는 많은 사람이 찾지만, 권력을 잃으면 한없이 소외되는 게 세상 인심입니다. 김정희도 마찬가지였죠. 김정희는 부친이 권력에서 밀려나 귀양을 가면서부터 고립되기 시작했습니다. 김정희와 친분을 유지한다는 것은 당시 집권 세력인 안동 김씨의 눈 밖에 날 수 있는 일이었으니까요. 그러나 이런 상황에서도 제자 이상적만은 변함없이 김정희를 대했고, 김정희가 귀양살이를 하는 동안에도 한결같이 그를 찾았습니다. 이상적은 중인 신분의 역관이었는데, 역관으로서 중국에 다녀올 때마다 어렵게 구한 서책을 김정희에게 전해주었죠.

김정희는 이상적의 도움으로 끝까지 세상에 대한 끈을 놓지 않고

“

일반 세상 사람들은
권력이 있을 때는 가까이하다가
권세의 자리에서 물러나면
모른 척하는 것이 보통이다.
내가 지금 절해고도에서
귀양살이하는 처량한 신세인데도
이상적이 예나 지금이나 변함없이
이런 귀중한 물건을 사서 부치니
그 마음을 무어라 표현해야 할까.
공자는 ‘겨울이 온 뒤에야 소나무와 측백나무가
늦게 시드는 것을 안다’고 했으니,
그대의 정이야말로
추운 겨울 소나무와 측백나무의
절개와 지조가 아니겠는가.

”

- 김정희, 〈세한도〉 발문 중에서

학문 연구를 계속할 수 있었습니다. 이런 이상적에게 고마움을 표시하기 위해 남긴 것이 그 유명한 〈세한도〉인데, 이상적에 대한 김정희의 마음이 〈세한도〉에 덧붙인 글에 잘 드러나 있습니다.

소나무는 사시사철 푸르른 나무로 유명합니다. 한여름 무더위에도 시들지 않고, 추운 겨울 모든 나무가 메마른 가운데서도 여전히 푸르른 나무죠. 사실 〈세한도〉의 '세한(歲寒)'은 설 전후의 추위라는 뜻으로 매우 심한 한겨울 추위를 이르는 말입니다. 가장 힘들고 어려울 때 우리는 소중한 것을 깨닫게 됩니다. 여러분은 여러분의 세한을 함께 버텨낼 소나무와 같은 벗이 있나요? 송백의 변치 않는 푸르름처럼 언제든, 누구에게든 늘 한결같은 존중과 배려를 보이는 사람. 우리에게 버팀목이 되는 사람은 소나무처럼 언제나 한결같은 이가 아닐까요?

배움에 게으르지 않았던 선비들의 시대

이황 1501~1570

1501년에 7남 1녀 중 막내아들로 태어난 이황은 어릴 적부터 공부를 좋아했지만 벼슬길에는 크게 마음을 두지 않았다. 사화와 반정으로 얼룩진 조선의 정치 상황은 이황에게도 영향을 미쳤는데, 이후 그는 마흔셋의 나이에 종3품 성균관 대사성까지 올랐지만 자의와 타의로 귀향과 귀경을 반복해야 했다.
고향에 내려온 이황은 도산서당을 짓고 유학에 대한 탐구와 실천, 후학 양성에 매진했다. 이황은 도덕적·인격적 완성을 가장 중요시했으며, 인간 심성의 근원인 '이(理)'를 강조한 그의 학설은 유성룡, 김성일 등으로 이어져 영남학파가 형성되었다. 임진왜란 이후에는 일본에도 전해져 일본의 성리학 발전에 기여했고 《성학십도》, 《주자서절요》 등의 저술을 남겼다.

사단칠정(四端七情) 논쟁

사단은 사람의 본성에서 우러나오는 측은지심(남을 불쌍히 여기는 타고난 착한 마음), 수오지심(자신의 옳지 못함을 부끄러워하고 남의 옳지 못함을 미워하는 마음), 사양지심(겸손하여 남에게 양보하는 마음), 시비지심(잘잘못을 분별하여 가리는 마음)을 말하며, 칠정은 희(기쁨)·노(노여움)·애(슬픔)·구(두려움)·애(사랑)·오(미움)·욕(욕망) 등 인간의 감정을 통틀어 일컫는다. 이황은 사단이 이(理)를 통해 발현되고, 칠정은 기(氣)를 통해 발현되며, 이와 기는 별도로 작용한다는 이기이원론(理氣二元論)을 주장했는데, 기대승은 이를 반박하며 이와 기가 함께 발현된다고 주장했다. 이황과 기대승은 13년간 100여 통의 편지를 주고받으며 학문적 논쟁을 이어갔다. 두 사람의 논쟁은 조선 성리학 발전에 커다란 역할을 했다.

김정희 1786~1856

조선 후기 실학자, 고증학자, 서화가이자 금석학자. 조선 후기 명문가에서 태어나 20대 후반에 벼슬길에 올랐다. 이후 여러 관직에 오르고 성균관 대사성 등을 지냈지만 혼란스러운 정치 상황 속에서 여러 번 유배 길에 오르며 순탄치 못한 생애를 살았다. 하지만 학문과 예술적으로는 뛰어난 업적을 남겼다.

김정희는 어린 시절 아버지가 사신행을 떠날 때 시중을 드는 자제 군관으로 따라가 60일 동안 청에 머물면서 청의 최고 학자 옹방강(翁方綱), 완원(阮元) 등에게 재능을 인정받아 고증학을 배우게 된다. 그는 고증학 연구에서 최고의 경지에 올랐을 뿐만 아니라 금석학 분야에서도 그를 따라올 사람이 없을 정도였다. 그 결과 함흥의 황초령비와 서울의 북한산비를 발견하고 이를 고증했으며, 비문의 내용을 판독하고 해설한 것을 《금석과안록》 등으로 남겼다. 또한 제주도 유배 중 추사체라는 독특한 서체를 완성했고, 우리나라 최고의 문인화로 손꼽히는 <세한도>를 남기기도 했다.

一
生
一
問

열 번째 질문

어떻게 이끌 것인가

'넘사벽' 지도자의 비밀

조선 왕조 500년의

근간을 이루는 정신

민본주의[民本主義]:

백성(민)을 나라의 근본(본)으로 삼고,

백성의 뜻을 받들어 정사에 임한다.

백성을 섬기는 군주와 더불어

왕을 도와 조선의 역사를 이끄는

일인지하 만인지상[一人之下 萬人之上]:

한 사람(임금)의 아래, 만 사람(백성)의 위.

왕족이 아닌 관료가 임명될 수 있는

최고의 직위

재상●

● 유교문화권에서는 상국, 승상, 시중, 문하시중, 영의정, 태정대신, 한국의 삼국 시대에는 상대등(신라), 상좌평(백제), 국상, 막리지(고구려) 등의 직책 명으로 존재했다.

겸손하고 온화한 성품으로

매사에 신중한 태도를 보였지만

자신이 옳다고 믿는 것에는

한 치의 물러섬이 없었기에

나라에 중요한 일이 생기면

세종이 반드시 불러들여 자문을 구한 인물

청렴하고 소탈한 인품으로

백성들의 사랑과 존경을 받은

청백리, 맹사성

서로 다른 정치 세력에 의해
왕위에 오른
광해군과 인조

판이하게 다른 두 명의 군주가
자신의 첫 번째 영의정으로 선택한
이원익

그가 아들에게 남긴
자신의 좌우명

지행상방 분복하비[志行上方 分福下比]:

뜻과 행동은 나보다 나은 사람과 비교하고
분수와 복은 나보다 못한 사람과 비교하라.

강직한 성품 탓에

파면과 사직을 반복하지만

끝내 왕이 놓아주지 않은

조선의 인재들

군주에게 인정받는 신하보다 값진

그들의 성취

백성에게 사랑받는 재상

500년을 이어올 수 있었던
조선 왕조의 저력은

백성이 처한 상황을 헤아려
그들의 마음을 움직이고
말로 지시하기 전에
행동으로 보여주는
애민의 리더십이 아니었을까

저는 역사의 의미와 쓸모를 더 많은 분과 나누고자 전국 방방곡곡을 다니며 강의를 하는데, 강의에서 자주 다루는 주제 중 하나가 바로 '리더십'입니다. 과거에는 리더십이 기업에서 주로 요구되는 덕목이었는데, 요즘은 일상에서도 중요한 키워드가 된 것 같습니다.

사실 생각해보면 학교에서 반장이나 부반장이 되어 학급을 이끄는 일, 대학 '팀플'에서 과제를 잘 수행할 수 있도록 팀원들을 독려하는 일, 집에서 식구들이 다투지 않고 화목하게 지낼 수 있도록 조율하는 일 모두 리더십의 영역입니다. 이렇게 보면 리더십은 한 국가나 기업, 조직의 지도자가 갖추어야 할 능력에 국한된다기보다 우리가 더 잘 살기 위해, 다른 사람들과 더불어 살기 위해 생각해봐야 할 자질인 듯합니다.

'어떻게 이끌 것인가'라는 질문은 학교, 직장, 가정 어디서든 다른 사람과 어울려 배우고 일하고 살아가는 모두가 품는 화두입니다. 또한 '셀프 리더십'이라는 말도 있듯이, 자신의 삶을 주체적으로 이끌어가는 데도 리더십은 중요한 요소입니다.

리더십과 관련해서 그야말로 정답 같은 인물을 꼽으라면 단연 세종대왕입니다. 세종에 대한 연구를 하면 할수록 '넘사벽(넘을 수 없는 사차원의 벽)'이라는 단어가 떠오릅니다. 고금을 막론하고 세종을 뛰어넘을 지도자가 나올 수 있을까 싶을 정도죠.

스물한 살에 즉위해 쉰세 살에 승하하기까지 32년을 왕위에 있었던 세종이 이룬 업적은 훈민정음 창제, 자주적인 농법서·의학서·역법서 편찬, 해시계·물시계·측우기 같은 각종 과학 기구 발명 등 일일이 헤아리기가 어려울 만큼 많습니다. 뿐만 아니라 그는 노비에게 출산 휴가를 제공하는 등 선진 복지 정책을 실시하는가 하면, 국민 투표를 통해 조세 제도인 '공법'을 시행하는 등 왕조 국가에서는 파격이라 할 수 있는 정책을 펼쳤습니다. 하지만 그가 '넘사벽' 지도자인 이유는 단순히 엄청난 업적 때문만은 아닙니다.

세종은 몸을 돌보지 않고 나랏일에만 매달린 탓에 평생 각종 질병에서 벗어나지 못했습니다. 안질이 심해 거의 실명 단계에 이르렀고, 디스크와 비슷한 질환을 앓아 요통이 심했으며, 다리도 불편했습니다. 운동을 거의 하지 않고 늘 책상 앞에만 앉아 있었던 탓에 비만과 당뇨도 있었죠. 세종은 왜 몸이 상하면서까지 일을 손에서 놓지 못했을까요? 그것은 그가 이루어낸 업적들의 방향을 보면 잘 알 수 있는데, 그의 모든 업무는 오로지 '민본'을 향해 있었습니다. 세종은 무엇이 백성을 위한 일인지를 끊임없이 고민했고, 그 과정에서 수많은 업적이 탄생한 것입니다. 그가 얼마나 지극한 애민 정신을 가지고 있었는지는 실록에서도 잘 드러납니다.

“

백성이란 것은 나라의 근본이요,

백성은 먹는 것을 하늘과 같이 우러러보는 것이다.

…

만약 한 백성이라도 굶어 죽은 자가 있다면,

감사나 수령이 모두 교서를 위반한 것으로

죄를 논할 것이라.

”

- 《세종실록》 3권, 세종 1년 2월 12일 정해년 네 번째 기사

“

노비는 비록 천민이나 하늘이 낸 백성이다.

”

- 《세종실록》 105권, 세종 26년 윤7월 24일 신축년 세 번째 기사

이처럼 세종은 백성을 나라의 근본으로 여기고, 자신이 즉위할 때 천명한 "어짊을 베푸는 것"을 국정의 최대 목표로 삼았습니다. 훈민정음을 창제한 이유도 백성이 스스로 잘못을 알게 하고 억울한 일을 따져 묻도록 만들기 위해서였고, 우리식, 우리 토양에 맞는 농법을 개발한 까닭도 백성이 배불리 먹을 수 있게 하기 위해서였죠. 그리고 이 모든 일을 이루어내고자 노력함에 그는 단 한순간도 게으름을 부리지 않았습니다. 실록은 세종의 일상을 이렇게 기록합니다.

"날이 환하게 밝으면 조회를 받고, 다음에 정사를 보고, 다음에는 윤대•를 행하고, 다음에는 경연••에 나가기를 한 번도 조금도 게으르지 않았다."

-《세종실록》127권, 세종 32년 2월 17일 임진년 첫 번째 기사

왕으로서 "한 번도 조금도 게으르지 않게" 재위 기간을 보낸 것은 하늘을 대신해서 '하늘이 낸 백성'을 보살펴야 한다는 소명을 잊지 않았기 때문이며, 세종이 위대한 성군이 될 수 있었던 이유도 바로 여기에 있습니다.

물론 조선에는 세종, 정조와 같이 뛰어난 군주로 손꼽히는 왕이 있지만, 조선의 27명의 왕 모두가 훌륭했다고 할 수는 없습니다. 그런데도

• 신하들에게 받는 정무 보고.

•• 신하들과 함께 강론하고 국정을 협의하는 자리.

조선이 500년의 역사를 유지할 수 있었던 이유는 왕이 절대 권력을 누릴 수 없었기 때문입니다.

조선은 왕권과 신권의 조화를 추구하며 왕권을 견제할 수 있는 시스템을 갖추고 있었습니다. 왕은 경연을 통해 신하들의 의견을 최대한 받아들였고, 재상들은 일인지하 만인지상의 위치에서 왕의 국정 철학을 받들어 각 기관과 소통하고 여론을 살펴 나라를 운영했습니다. 그래서 조선 시대에는 군주만큼이나 재상의 역할이 중요했죠.

조선의 수많은 명재상 중 맹사성은 세종과 마찬가지로 백성을 중심에 두는 리더십을 발휘한 인물입니다. 그는 정승의 자리에까지 올랐지만 청렴하고 소탈한 삶을 산 덕에 모두의 존경과 사랑을 받았습니다. 그를 주제로 한 민담이 여럿 될 정도로요. 대표적인 예로 가난한 농부와 나눈 우정에 대한 이야기가 있습니다.

맹사성은 평소에 수수하게 다녀서 행색만 보면 재상인지 전혀 알 수가 없었다고 합니다. 어느 날 낚시터에 간 맹사성은 가난한 농부 전 첨지와 대화를 나누다 그가 싸온 보리개떡을 나누어 먹으며 낚시 친구가 되었습니다. 자신을 '맹 첨지'라고 소개한 맹사성은 다음 달 자신의 생일잔치에 그를 초대합니다. 맹 첨지가 정승인 줄은 꿈에도 몰랐던 농부는 맹사성이 좋아하는 보리개떡을 선물로 들고 그의 집에 찾아갑니다. 친구가 왔다는 소식에 버선발로 나가 맞이한 맹사성은 생일을 축하하러 온 고관들에게 전 첨지를 소개하고, 그제야 맹 첨지가 그 유명한 맹사성임을 알아챈 전 첨지는 자신의 무례를 용서해달라고 빕니다. 그러자 맹사성은 이렇게 말했다고 합니다.

"내 벼슬이 정승일 뿐 만백성이 벗 아니겠소.

사죄니 무례니 하는 말은 말고, 앞으로도 함께 재미있게 낚시를 즐깁시다."

이후로도 두 사람은 계속 좋은 낚시 친구로 지냈다고 합니다. 단지 백성을 이끄는 존재가 되기보다는 그들과 함께 보폭을 맞추며 걸어가려 했던 맹사성의 태도가 잘 드러나는 일화입니다. 오로지 나라와 백성을 위한 관리가 되겠다고 결심한 맹사성은 항상 겸손한 태도로 임금을 섬기고 신료들을 대했으며, 온유한 태도로 아랫사람에게 모범을 보였습니다. 벼슬이 낮은 사람이 찾아와도 반드시 의관을 갖추고 대문 밖에 나가 맞아들였으며, 돌아갈 때 역시 공손하게 배웅하고 손님이 말을 탄 뒤에야 집으로 들어갔다고 합니다.

이렇듯 겸손함이 몸에 배었던 맹사성은 검소하기까지 했습니다. 조정에서 봉급으로 주는 쌀로만 식량을 충당했고, 집은 비가 샐 정도로 낡고 허름했다고 합니다. 그는 공무가 아니면 역참•을 이용하지 않았으며, 관리들이 타고 다니는 가마 대신 소를 타고 다닐 정도로 소탈한 삶을 살았죠. 한번은 이런 일도 있었습니다. 어느 날 두 고을의 수령들이 맹사성이 내려온다는 소식을 듣고 길옆에 평상을 깔고 그를 기다립니

• 조선 시대에 있던 공공의 기별, 역마, 역원 등 여행 체계를 합쳐서 이르는 말. 대개 25리마다 1참을 두고 50리마다 1원을 두었다.

다. 그런데 기다리는 정승은 오지 않고 한 남루한 차림의 노인이 소를 타고 지나가자 수령이 하인을 시켜 그 노인을 꾸짖으라 명합니다. 그러자 그 노인이 자신이 맹사성임을 밝혔고, 그 사실을 안 수령이 놀라 달아나면서 관청의 인장을 연못에 빠뜨리고 맙니다. 그래서 훗날 그 연못을 '인침연(印沈淵)'이라 불렀다고 합니다.

맹사성은 일흔여섯 살이 되자 스스로 관직에서 물러난 뒤 온양에 내려가 서민과 다름없는 삶을 살았는데, 그때 그에게 남겨진 것은 낡은 집 한 채와 피리 한 개뿐이었다고 전해집니다. 보여주기 위한 검약이 아니라 평생의 가치였음을 알 수 있는 대목입니다.

백성을 가장 중심에 둔 리더로는 조선 중기의 문신이자 광해군 때 영의정을 지낸 이원익도 빼놓을 수 없습니다. 과거 시험에 합격한 후 여러 관직을 거친 이원익이 황해도 안주 목사로 임명되었을 당시, 황해도는 기근으로 백성들이 큰 고통을 받고 있었습니다. 그러자 이원익은 양곡 1만 석을 요청해 굶주린 백성을 구호했고, 종자를 나눠주며 생업을 안정시켰죠. 이원익은 백성의 어려운 사정을 살펴 1년에 3개월이던 군역을 2개월로 단축시키기도 했습니다.

얼마 후 임진왜란이 발발하자 이원익은 이조판서로 도순찰사의 직무를 띠고 평안도로 향합니다. 당시 왕인 선조도 평양으로 파천하지만 곧 이 지역조차 위험하다고 여겨 평안북도 영변으로 옮겼죠. "국왕은 사직을 위해 죽음도 불사해야 한다"고 주장했던 이원익에게는 퍽 실망스러운 소식이었습니다. 그러나 이원익은 윤두수와 함께 평양성을 지키라는 선조의 명에 따라 일본과의 전투에 나섭니다. 일본의 대규모 기습에 일시적으로 평양성을 빼앗기기도 했지만 백성을 지켜야 한다는 사명감으로 병사들을 수습해 결국 평양성을 탈환합니다.

세종과 맹사성, 이원익. 오직 백성을 생각하며 백성을 위해 산 그들의 삶을 보면 이런 생각이 듭니다. 누군가를 이끌고자 한다면, 그들의 처지에서 그들을 위해 고민해야 한다는 것입니다. 상대가 처한 상황을 헤아려 배려할 때 비로소 그들의 마음을 움직여 따르게 할 수 있음을, 이 세 사람의 삶이 여실히 보여줍니다. 또 옳다고 생각하는 방향으로 다른 사람들을 이끌기 위해서는 말로만 설득할 게 아니라 직접 행동으로 보여줘야 한다는 사실도 알게 되었습니다.

세종은 지시하는 왕이 아니라 행동하는 왕이었습니다. 백성의 삶을 위해 필요한 것들을 만들라고 시키기보다 이를 만들기 위해 함께 고민하고 노력했죠. 맹사성 역시 말로만 겸손과 검약을 이야기하지 않고 몸소 실천한 것으로 유명합니다. 이원익은 백성을 지켜야 한다고 주장만 한 것이 아니라 자신이 직접 전장으로 나가 백성들을 지켜냈습니다.

'말'보다 '행동'으로 보여주는 것, '지시'보다는 '실천'으로 이끄는 것이 리더십의 요체가 아닐까 싶습니다. 누군가를 이끄는 자리에 있는 사람이라면, 혹은 언젠가 그런 자리에 오를 준비를 하고 있다면, '행동'의 힘과 중요성을 꼭 기억해야겠습니다.

"백성을 사랑하는 것이 곧 나의 일이다."

세종 1397~1450

조선의 제4대 왕. 집현전을 통해 수많은 인재를 양성하고 학문을 발전시켰으며, 4군 6진을 쌓아 현재와 유사하게 한반도의 국경선을 확정했다. 우리 실정에 맞는 자주적 농서인 《농사직설》과 의약서인 《향약집성방》, 역법서인 《칠정산》을 편찬했고 장영실을 발탁해 해시계, 자격루, 측우기 등 각종 과학 기구를 발명했으며, 그의 업적 중 최고로 꼽는 훈민정음을 창제했다.
이처럼 세종이 정치뿐만 아니라 경제, 문화를 포괄하는 다양한 업적을 남길 수 있었던 것은 그의 능력과 더불어 뛰어난 신하들이 있었기 때문이다. 특히 맹사성, 황희, 최윤덕 등이 세종을 보필하며 태평성대를 이끌었다.

맹사성 1360~1438

황희 정승과 함께 조선을 대표하는 재상이자 청백리의 상징으로 통하는 인물. 1386년(고려 우왕 12년)에 관직에 입문했다. 조선 건국 후 여러 벼슬을 거쳐 세종 때 우의정에 올랐다. 시문에 능하고 음률에 밝아 음악과 역사 연구, 인재 관리 측면에서 활약해 세종 시대의 문화 융성에 크게 기여했다. 이조참판, 예조판서, 호조판서를 두루 거친 뒤 좌의정에 올랐다. 권력을 추구하거나 자신의 파벌을 만들지 않았으며, 항상 온화하고 공정한 태도로 다른 관리들을 대했다고 전해진다.

황희 1363~1452

세종 시기뿐만 아니라 조선사를 통틀어 가장 오래 영의정으로 일했다. 다양한 직책을 역임하면서 국정 전반에 대한 이해도가 높은 명재상으로 알려졌지만 실록에는 뇌물 수수, 매관매직, 부정 축재 등으로 '황금대사헌'으로 불렸다는 기록이 있다.
그럼에도 황희는 인재를 발굴해내는 뛰어난 안목과 합리적으로 의견을 조율하는 능력, 현실 정치 감각이 출중했다. 세종은 이러한 능력을 알아보고 그에게 무한한 신뢰를 보냈으며, 세종의 보살핌 덕에 스스로를 개혁하며 명재상으로 거듭났다.

이원익 1547~1634

조선 중기 이조판서, 우의정, 좌의정, 영의정 등을 역임한 문신으로 임진왜란과 인조반정, 정묘호란 같은 주요 사건들의 중심에 있었던 인물. 중년 이후 임진왜란 때까지 요직을 두루 거치고 전쟁이 발발하자 평안도로 파견되어 평양을 탈환하는 데 기여했다. 특히 임진왜란 때 이순신이 삼도수군통제사 관직을 박탈당하고 참수당할 위기에 처하자 당시 도원수 권율과 함께 이순신을 적극 변호했다. 선조 대에 좌의정과 영의정에 올랐고, 이후 즉위한 광해군 역시 전대의 영의정이었던 이원익을 자신의 첫 번째 영의정으로 임명한다. 당대의 중요 사안은 모두 그의 손을 거칠 정도로 실무에 뛰어났지만, 성품이 소박하고 조용한 편이라 공적인 일이 아니면 바깥으로 나가지 않았다고도 전해진다.

3부

변화로 가는 길을 열다

"가장 위대한 영광은
절대 실패하지 않는 것이 아니라
실패할 때마다 일어서는 것이다."

- 공자

一
生
一
問

열한 번째 질문

나의 가치는 누가 정하는가

폭탄에 실린 꿈

다양한 민족 운동을 전개하며

일제와 맞서 싸운 1920년대

그중에서도

폭탄 투척이나 암살 등의 방식으로

일제의 간담을 서늘케 만든

독립운동 단체

의열단

의열단 공약 10조

1. 천하의 정의의 사(事)를 맹렬히 실행하기로 함.
2. 조선의 독립과 세계의 평등을 위하여 신명을 희생하기로 함.
3. 충의의 기백과 희생의 정신이 확고한 자여야 함.
4. 단의(團義)에 선(先)히 하고 단원의 의(義)에 급히 함.
5. 의백(義伯) 1인을 선출하여 단체를 대표함.
6. 하시(何時) 하지(何地)에서나 매월 1차씩 사정을 보고함.
7. 하시 하지에서나 매 초회(招會)에 필응함.
8. 피사(被死)치 아니하여 단의에 진(盡)함.
9. 1이 9를 위하여 9가 1을 위하여 헌신함.
10. 단의에 배반한 자는 처살(處殺)함.

1921년 9월

일제의 심장인 조선총독부를 폭파하기 위해

전기 수리공으로 위장한 한국인이

2층에 올라가 두 개의 폭탄을 투척

이후 일본 육군 대장 암살 시도 중에 붙잡혀

20년 투옥

석방 후 고향으로 돌아와

일제 경찰에 다시 연행된 뒤

행방불명

김익상

3·1 운동으로부터 4년이 지난

1923년 1월

독립운동가들의 무덤이라 불리던

종로경찰서에 날아든 폭탄

폭탄을 던진 한국인 한 명을 잡기 위해

구름 떼처럼 모여든 일본 경찰

서울 시내 한복판에서 벌어진 시가전

적의 포로가 되지는 않겠다며

마지막 총알 한 발로 자결을 선택한

조선 최고의 총잡이

김상옥

1926년 12월

일제의 식민지 경제 지배의 축인

조선식산은행과 동양척식주식회사에

연달아 폭탄을 투척했으나

모두 실패 후

권총 자결

나석주

"우리 2,000만 민중아!
나는 그대들의
자유와 행복을 위해 희생한다.
나는 조국의 자유를 위해 투쟁했다.
2,000만 민중아,
분투하여 쉬지 말아라!"

나석주

1892~1926

단장 김원봉

단원 김익상, 김상옥, 나석주, 김지섭 등

70여 명

기나긴 투옥과 자결로 마감한

그들의 인생

의열단이라는 이름 아래 모여

목숨과 맞바꿔서라도

얻고자 했던 가치

조국의 독립

1910년부터 1945년까지

약 35년간의 일제 강점기

나라를 되찾기 위한

우리 민족의 끈질긴 저항이 있었기에

이 시기는

수치와 오욕의 역사가 아닌

자랑스러운 역사로 남을 수 있었다.

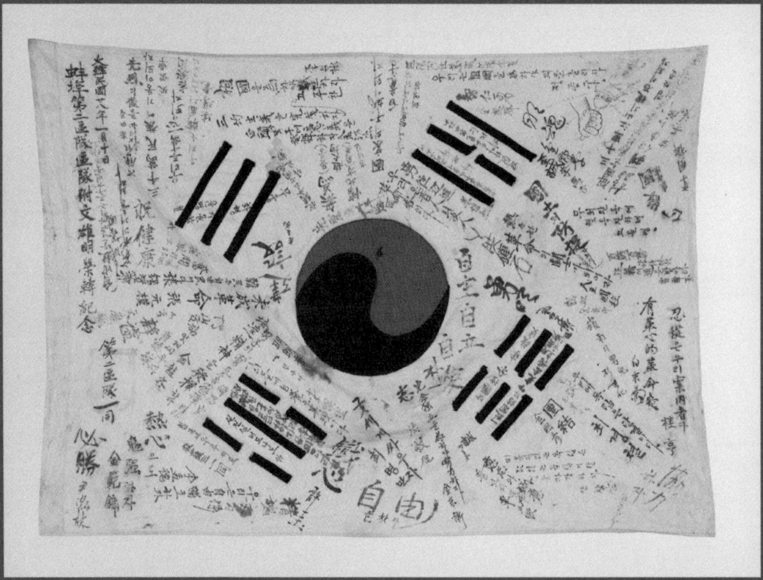

한국 광복군 서명문 태극기.
1945년 2월경 광복군 제3지대 2구대에서 활동하던 문웅명이 동료 대원 이정수에게서 선물 받아
간직한 태극기로 광복군의 결의를 다지는 글귀와 서명이 빼곡하다.

지금은 한국사가 수능 필수 과목이지만, 몇 년 전만 해도 선택 과목이었습니다. 서울대를 비롯한 몇몇 대학에서만 필수 과목으로 지정해놓았죠. 그래서 과거 60만 수험생 중 서울대 등 상위권 대학 진학이 목표인 3~4만 명 정도만 한국사를 선택했어요. 다시 말해 전교에서 1~2등을 다투는 성적이 우수한 학생들이 한국사 시험을 치른 거죠.

어느 해 수능 시험에 한국사가 굉장히 어렵게 출제된 적이 있습니다. 특히 의열단에 대한 문제에서 오답자가 속출했지요. 보통 의열단과 관련해서는 단장 김원봉을 맞히는 아주 쉬운 수준의 문제가 나오거나, 좀 더 어려워지더라도 의열단원 김익상, 김상옥, 나석주 중 한 명을 찾는 정도의 문제가 출제됐거든요. 그런데 당시 문제의 난이도는 최상으로, 교과서에도 이름이 잘 나오지 않는 의열단원 김지섭이 정답이었습니다. 교과서를 보면 본문에는 거의 등장하지 않고 의열단원들의 활동을 정리한 지도 정도에만 짧게 언급되는 인물이었으니 많은 학생이 틀릴 수밖에요. 시험이 끝나자 여기저기서 한숨이 터져 나왔습니다. 특히

맨 뒤에 앉아 있던 학생은 화가 많이 났는지 갑자기 시험지를 쫙 찢어서 쓰레기통에 던져버리더군요. 그러고는 뒷문을 발로 뻥 차고 나가면서 이렇게 말했습니다.

"아, 김지섭. 이 * 뭐야?"**

한 문제라도 틀리면 등급이 하락해 대학에 떨어지는 경우가 많았으니, 아쉬운 마음이 이해되지 않는 건 아닙니다. 하지만 김지섭은 이 시대의 학생에게 그런 욕설을 들을 분이 아닙니다. 절대 그렇게 대해서는 안 되는 분이지요.

1923년 9월, 관동 대지진이 일어나면서 일본 도쿄는 쑥대밭이 됐습니다. 진도 7.9의 강진으로 인해 도시 전체가 한순간에 폐허로 변해버리고 말았지요. 사람들의 불만이 폭주하고 비난 여론이 점점 거세지자, 일본 정부는 시선을 다른 곳으로 돌리기 위해 사실무근의 유언비어를 퍼뜨리기 시작합니다.

"한국인들이 지금 집집마다 불을 지르고 다닌다."

"한국인들이 우물에 독을 넣었다."

"여학생들 치마 속에 폭탄이 숨겨져 있다."

일본 정부는 분노의 타깃을 한국인에게로 돌렸고, 이 비열한 바람

몰이는 효과가 있었습니다. 이 소문을 실제라고 믿고 분개한 일본의 민간인들은 '자경단'을 조직하고, 쇠꼬챙이와 죽창으로 무장한 채 한국인 사냥에 나섰습니다. 그들은 지나가는 사람들 아무나 붙잡고 이렇게 물었다고 합니다.

"1부터 100까지 일본어로 이야기해보라."

그러고는 답하는 사람의 발음이 어눌하면 한국인이라며 그 자리에서 바로 죽였습니다. 그렇게 무려 6,000여 명의 무고한 동포가 단지 한국인이라는 이유로 억울한 죽음을 당했죠. 이건 엄연한 학살로 이 끔찍한 만행에 많은 사람이 분노했습니다. 의열단원 김지섭도 마찬가지였습니다. 이 상황을 좌시할 수 없었던 그는 제국의회에 폭탄을 투척하라는 의열단의 명을 받고 도쿄로 향합니다. 하지만 갑작스러운 휴회 소식에 침략의 원흉이 사는 일본 궁성으로 목표를 수정합니다.

시간이 흘러 마침내 준비를 마친 김지섭은 실제로 일본 궁성에 폭탄을 던졌고, 현장에서 체포되고 말았습니다. 폭탄이 불발되는 바람에 비록 거사는 실패로 돌아갔지만, 이 사건으로 큰 충격을 받은 일제는 김지섭에게 무기징역을 선고합니다. 그러나 김지섭은 이에 굴하지 않고 단식투쟁을 벌였고, 결국 차디찬 감옥에서 순국했습니다. 폭탄과 자신의 청춘을 맞바꾼 김지섭. 그는 왜 이런 선택을 했던 걸까요? 그가 가슴속에 품었던 꿈, 폭탄에 실었던 그 간절한 꿈은 이런 것이 아니었을까 싶습니다.

“

한국인이라는 이유만으로
죽어야 하는 이 아픔을,
내 뒤에 오는 사람들에겐
절대 물려주지 않겠다.
내 뒤에 오는 세대만큼은
식민지 백성이라는 이유 하나로
법의 보호를 받지 못하고
백주대낮에 학살당하는 일이 없게 만들겠다.

”

김지섭의 꿈은 우리의 현재가 되었습니다. 그런데 그가 목숨을 걸면서까지 이루고자 했던 '지금'을 사는 학생이 1등급을 받지 못했다고, 좋은 대학에 가지 못했다고 자신이 살아가는 세상을 만들어준 분께 육두문자를 던진다면, 이 시대의 교육은 죽은 게 아닐까요? 역사는 단순히 시험을 보기 위한 도구가 아닙니다. 올바른 의식을 갖고 살기 위해 역사를 공부하는 겁니다. 물론 저도 책임이 있습니다. '그저 점수를 잘 받게 하기 위한 강의를 하고 있었던 건 아닌가. 우리가 교육해야 하는 대상은 누구인가. 그들은 어떤 인재가 돼야 하는가'에 대해 다시 한번 고민해보는 계기가 되었습니다.

독립을 위해 목숨까지 바쳤는데 후대가 그 이름을 잘 알지 못한다니 안타깝다고, 그의 헌신이 빛바랜 것은 아닌가 하며 가슴 아프게 생각하는 분도 계실지 모르겠습니다. 그 마음은 충분히 이해하지만, 결코 그렇지가 않습니다. 김지섭은 자신의 이름을 알리기 위해서, 후대가 자신을 기억해주기를 바라며 폭탄을 던진 것은 아니었으니까요. 그는 오직 자신의 다음 세대에게는 다른 세상을 물려주고 싶었을 뿐입니다. 그리고 그의 간절한 바람은 현실이 되었습니다. 감히 추측해보건대 김지섭 선생이 지금 하늘에서 자신과는 다른 세상, 자신이 그토록 물려주고픈 세상을 사는 우리를 본다면, 흐뭇하게 미소 짓고 있지 않을까요? 여기서 이런 질문을 던져보고 싶습니다.

'나의 가치는, 내 삶의 가치는 누가 정하는가?'

흔히 좋은 성적을 올렸을 때, 일에서 성과를 거두었을 때, 그래서 다른 사람들로부터 인정받았을 때 자신의 가치가 빛난다고 생각하곤 합니다. 하지만 김지섭 선생과 어느 수험생의 사례는 우리에게 다른 이야기를 들려줍니다. 후대에 그가 꾼 꿈의 가치를 제대로 알아보지 못한다고 해서, 그가 누구인지조차 잘 몰라 문제를 틀리고 막말까지 던진다고 해서, 김지섭과 그가 한 일의 가치가 떨어지는 것일까요? 당연히 그렇지 않다는 것을 우리 모두가 알고 있습니다.

김지섭은 자신이 뜻한 바를 이루고자 목숨을 걸었습니다. 그는 스스로 가치 있다고 생각하는 일에 자신을 던졌고, 이로써 그 누구보다 가치가 높은 인물이 되었습니다. 나의 존재, 나의 가치, 나의 의미는 그 누구도 정할 수 없다는 것, 오직 나만이 나의 가치를 규정하고 만들며 빛낼 수 있다는 사실을 김지섭을 통해 다시금 깨닫습니다.

여기, 자신들의 존재를 스스로 규정하고 입증한 또 다른 사람들이 있습니다. 우리나라 인구가 약 5,000만 명입니다. 그런데 지금 한반도가 아니라 외국에 사는 한국인들, 그러니까 이민자들이 이 말을 들으면 어떻게 생각할까요. 5,000만이라는 숫자는 한반도에 거주하는 한국인들만 집계한 것이니, 외국에 사는 이민자들은 분명 한국인이라는 정체성을 갖고 있음에도 이 땅에 소속되지 않은 사람으로 여겨진다는 소외감을 느낄 것 같습니다. 어쩌면 우리는 은연중에 한반도에 살지 않는 사람들을 우리와 구분하는, 차이 혹은 차별의 기준을 세워놓고 있는 게 아닐까 하는 생각이 듭니다.

이 이민자들의 역사는 1900년대로 거슬러 올라갑니다. 1903년 인천항을 출발해 하와이에 도착한 이들이 우리나라의 첫 공식 이민단입니다. 이후 정치적 혼란과 빈곤에 놓여 있던 한인들이 해외 농장과 계약을 맺고 이주합니다. 그중 많은 수가 향한 곳이 바로 멕시코였습니다. 당시 멕시코에는 '초록의 금'이라고 불릴 정도로 쓸모가 많은 선인장과 작물인 '에네켄' 재배가 성황이었고, 일손이 모자랐던 농장들이 한인을 대거 고용했습니다. 그때 '에네켄' 농장에서 일했던 한인 노동자를 일컫는 말이 바로 여러분이 아는 그 이름, '애니깽'입니다. 선인장이니 가시가 얼마나 많았을까요. 그곳의 한인들이 겪었을 고된 노동과 차가운 현실은 상상조차 하기 어렵습니다. 그런데 그렇게 힘들게 번 외화를 그들이 어디에 썼는지 아시나요? 바로 고국의 독립을 위해 썼습니다.

일제 강점기에 대한민국 임시 정부는 독립 공채를 발행하는데, 독립 공채는 채권을 말합니다. 임시 정부가 독립하면 돌려주겠다며 채권을 발행해 국민으로부터 돈을 빌리고자 한 것이죠. 하지만 나라의 실체가 없다 보니 돈을 돌려받을 가능성이 희박했고, 이에 그 채권을 과연 누가 살까 하는 우려가 많았습니다. 그런데 이 채권 대부분을 이민자들이 사들였습니다. 정말 대단하지 않습니까. 비록 타국에서 일하고 있지만 고국에 대한 그리움과 애국심을 잃지 않았고, 그래서 고국을 지켜내고자 어렵게 번 돈을 기꺼이 내놓은 겁니다. 설사 본국에서는 자신들을 그저 이민자로 여길지라도, 그들은 스스로를 한국인으로 규정하고 한국인으로서 조국을 지키는 데 일조한 것입니다.

그들은 분명 '머나먼 이국땅에서 고생해 번 돈을, 우리에겐 관심도 없는 조국을 위해 쓸 필요가 있을까'라고 생각할 수도 있었을 겁니다. 이민자들을 향한 은근한 배척의 시선에 휘둘렸다면 말입니다. 하지만 그들은 자신들의 정체성을 규정함에 타인의 영향을 받지 않았습니다. 스스로 한국인이라 여겼기에, 자신들의 기준과 정의가 분명했기에, 갖은 고생을 하며 어렵게 번 돈으로 독립 공채를 사들인 것이죠.

나라를 떠나 세계를 다니면서 그들이 정착하는 과정과 흐름을 '디아스포라'라고 합니다. 언어, 문화, 생활 방식 등 모든 것이 다른 곳에 가서 우리의 정체성을 지켜낸다는 건 엄청난 고통입니다. 그런데 그 안에 뿌리를 내리고 살아가는 과정에서 또 다른 에너지가 만들어질 수도 있습니다. 디아스포라는 고통이지만 한편으론 혁신이기도 한 겁니다. 어쩌면 이민자들은 타국에서의 고통스러운 생활 속에서 나라를 위하는 에너지를 키웠던 것은 아닐까 하는 생각이 듭니다.

자신의 능력을 남들이 몰라줄 때, 자신의 꿈을 사람들이 비웃을 때, 우리는 쉽게 낙담하고 좌절합니다. 그런 우리에게 김지섭과 이민자들은 알려줍니다. 타인이 나를 어떻게 보느냐가 아니라, 내가 나를 어떻게 규정하느냐, 내 꿈을 어떻게 이루어내느냐가 훨씬 더 중요하다는 사실을 말입니다.

멀리서 보면 더욱 소중한 나의 조국

의열단

1919년 3·1 운동 이후 독립운동가 중에는 일제의 무력에 대항하려면 더 조직적이고 강력한 독립운동 단체가 필요하다고 생각하는 사람들이 있었다. 이런 필요에 따라 김원봉 등 신흥무관학교 출신이 중심이 되어 1919년 만주에서 항일 비밀 결사인 의열단이 조직된다. 의열단은 의열 투쟁 결사대를 조직해 암살 및 파괴 활동을 전개함으로써 국내 동포들의 독립 정신을 환기시키고, 나아가 이를 통해 국내외 한인을 중심으로 혁명을 촉발함으로써 민족의 독립과 조국의 광복을 달성하고자 했다. 1920년대 후반부터는 항일 무장 투쟁으로 노선을 변경해 1932년 중국 국민당 정부의 지원으로 독립군 간부를 양성하는 조선 혁명 간부 학교를 설립하기도 했다.

김지섭 1884~1928

경북 안동 출신으로 상주공립보통학교 교원과 금산지방법원 서기 겸 통역으로 재직하다 일제에 나라를 빼앗기자 사직하고 독립운동에 몸담았다. 3·1 운동 이후 만주로 망명해 의열단에 가입했다. 1921년경 단장 김원봉 등과 함께 조선 내의 일제 주요 관사를 폭파하기 위해 국내에 폭탄 반입을 시도했으나 실패하고 상하이로 피신했다.
1923년 관동 대지진 당시 일제가 한국인들을 학살하고 있다는 소식을 접한 의열단은 도쿄에서 열리는 제국의회에 폭탄을 투척해 일본의 주요 인사를 처단하고자 김지섭을 파견했다. 그는 도착 당시 의회가 휴회한다는 소식을 듣고 일본 궁성으로 목표를 수정했다. 주변에서 동정을 살피던 중 불심검문에 당하자 폭탄을 던졌으나 불발되었고, 일본 궁성으로 들어가는 다리인 이중교를 뛰어 건너가며 두 발의 폭탄을 투척했으나 이 역시 불발한다. 현장에서 일본 경찰에 체포되어 형무소에 수감되었고, 1928년 2월 고국에 돌아오지 못한 채 감옥에서 순국했다.

멕시코 노동 이민(애니깽)

'애니깽'은 1900년대에 멕시코로 노동 이민을 간 한인들을 일컫는 말이다. 1904년 〈황성신문〉에 실린 멕시코 한인 노동자 모집 광고를 보고 1,000여 명의 한인이 멕시코로 이주했다. 광고에서는 좋은 집과 높은 임금을 약속했지만 멕시코에 도착한 한인들은 유카탄 반도의 에네켄(선박용 로프 등을 만드는 선인장의 일종) 농장으로 흩어져 노예와 다름없는 생활을 하며 고된 노동에 시달렸다. 하지만 이들은 대한인국민회의 메리다 지방회를 조직해 정체성을 유지하고 결속을 다졌다. 고국이 어려운 상황에 처하자 어렵게 번 돈의 일부를 독립 자금으로 송금하고 독립군 양성을 위해 숭무학교를 세우기도 했다.

김원봉 1898~1958

1919년에 의열단을 조직하고 1938년에 조선 의용대를 창설하는 등 일제에 대한 무장투쟁에 앞장섰다. 1942년 북상하지 않은 조선 의용대 대원들을 한국 광복군으로 편입시키면서 한국 광복군 부사령 겸 제1지대장에 취임했다. 광복 후인 1946년 조선민족혁명당을 인민공화당으로 개칭하고 지속적으로 연합전선 구축에 힘쓴다. 여운형이 암살되고 남한만의 단독 정부 수립이 본격화되자 월북을 선택, 국가검열상·내각노동상·최고인민회의 대의원 등을 역임했으나 1958년 숙청당했다.

一
生
一
問

열두 번째 질문

변화는 어디서 시작되는가

상처받을 용기

御製誌文

有明朝鮮國思悼世子墓誌

思悼世子諱愃字允寬臨御十一年

乙卯正月二十一日誕生即暎嬪所

也生而穎悟及其長也文理亦通其

朝鮮庶幾之望嗚呼不學聖人反學

甲懲敗縱敗之事嗚呼訓諭自省編

사도세자의 묘지명

한낮의 뙤약볕 아래
쌀 담는 뒤주 속에 갇힌 아버지

물 한 모금도 주지 말라 명하고
갈증과 굶주림 속에
아버지를 죽게 만든 것은

다름 아닌 자신의 할아버지

화변[禍變] :

재앙 화, 변할 변.
비상식적인 재난, 변고를
이르는 말.

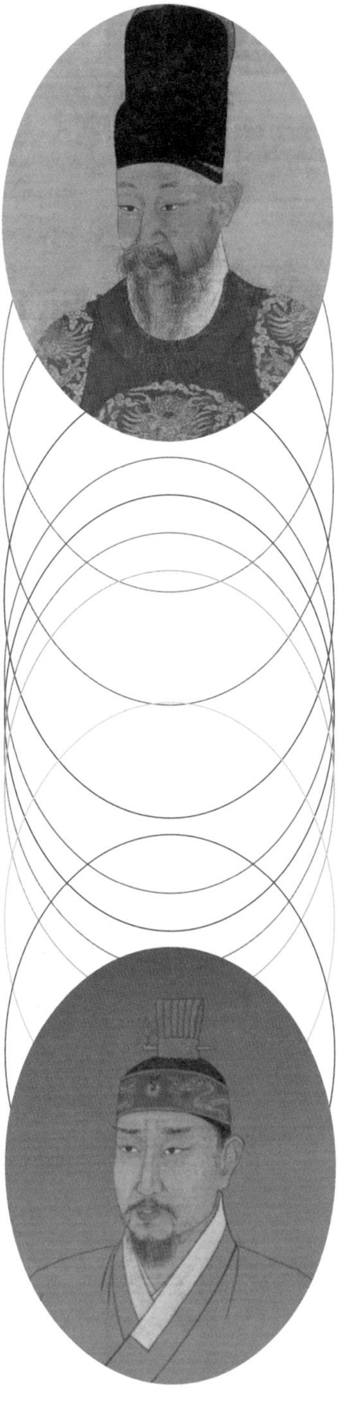

18세기

탕평 정치 시기를 이끈 영조

그에게 부족했던 단 한 가지는

왕위를 이를 세자가 없다는 사실

그리고 마침내

마흔두 살이 돼서야 얻은 귀한 아들

하지만 기대가 너무 컸던 탓일까?

어린 세자는 아무리 노력해도

아버지가 그려놓은 군주의 모습에

도달할 수가 없었다.

매정한 질책

혹독한 훈육의 시간

극심한 부담감과 스트레스로

정신질환까지 얻은 세자는

결국 자신을 인정하지 않는 아버지의 손에

처참한 죽음을 맞는다.

아버지의 비극적인 죽음,

자신을 향한 할아버지의 굴절된 기대

비극으로 얼룩졌을 법도 한

그가 일군 업적

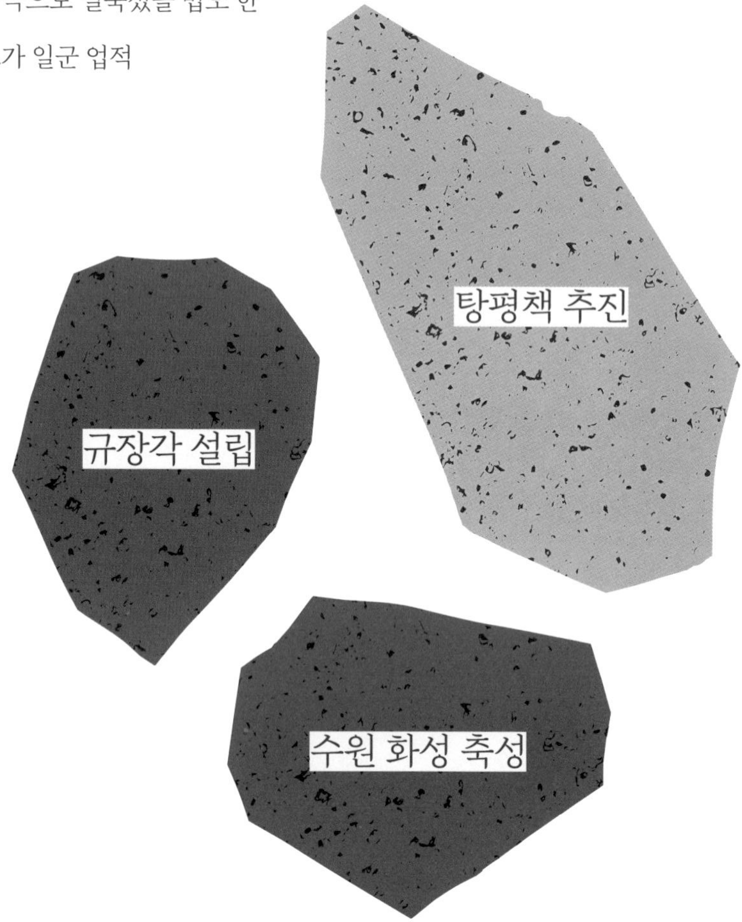

개혁과 대통합을 실현한 성군, 정조

상처뿐인 그가 일어날 수 있었던

힘은 무엇이었을까?

조선 시대의 가장 훌륭한 왕 하면 대부분 세종대왕을 떠올릴 겁니다. 하지만 정조 대왕 역시 성군으로 꼽을 수 있는 인물입니다. 조선 후기 개혁과 대통합을 추구하며 조선의 르네상스를 이끈 왕이 바로 정조입니다.

정조와 관련해서는 사도세자 이야기를 빼놓을 수 없습니다. 영조에서 정조로 왕위가 승계되는 사이, 영조의 아들이자 정조의 아버지인 사도세자가 8일 동안 뒤주에 갇혀 있다가 죽는 사건인 임오화변이 벌어졌기 때문입니다. 당시 정황을 기록한《승정원일기》가 왕명으로 지워진 까닭에 여러 추측만 난무할 뿐입니다. 영조가 봤을 때 사도세자는 도저히 정치를 이끌어갈 수 없다는 판단이 들어서였기 때문이라는 의견도 있고, 사도세자가 대리 청정할 때 소론의 편을 드는 바람에 노론의 눈밖에 난 것이 문제였다는 의견도 있습니다. 더불어 나경언이 사도세자의 비행을 영조에게 알린 것이 계기가 된 임오화변 자체가 노론과 연관되었다는 시각도 존재합니다.

어쨌든 이때 정조의 나이는 고작 열한 살. 어린 정조는 아버지가 무시무시하게 내리쬐는 뙤약볕 아래서 뒤주에 갇혀 먹지도 못하고 숨도 쉬지 못하며 죽어가는 모습을 목격했습니다. 할아버지인 영조 앞에 엎드려 "할바마마, 제발 아버지를 살려주소서"라고 오열하고 간청해도 아무 소용이 없었죠. 그 아픈 기억을 어떻게 잊을 수 있을까요? 분명 정조에게 크나큰 트라우마로 남았을 것입니다. 더불어 아버지를 죽음으로 내몬 노론에 대한 엄청난 분노가 그를 지배했겠죠. 실제로 즉위식 첫날 정조는 "나는 사도세자의 아들이다"라고 말합니다. 사도세자와 정치적으로 대립 관계에 있었던 노론 대신들은 자신들에게 숙청의 칼날이 향하지 않을까 두려움에 휩싸였겠죠.

이후 어떤 일이 벌어졌을까요? 정조가 아버지의 복수를 시작해 피바람이 불었을까요? 그렇지 않습니다. 정조는 공과 사를 엄격히 구분해 노론까지 포용하는 대단한 정치력을 보였습니다. 정조는 노론, 소론 가리지 않고 옳은 말에 귀를 기울이는 준론 탕평을 펼쳤죠. 준론 탕평이란 양쪽의 이야기를 모두 듣고 왕이 중재 역할을 하며 명확하게 시시비비를 가리는 것으로, 정조는 정치적으로 반대편에 있는 숙적들을 제거하기보다 끌어안는 지혜를 선택한 것입니다.

이는 정말 대단한 일입니다. 정조는 아버지 사도세자의 죽음 이후 죄책감과 분노, 슬픔에 시달리며 살았을 거거든요. 할아버지인 영조가 자신을 택하는 바람에 아버지가 죽게 된 것이라는 죄책감, 아버지의 죽음을 부추기거나 방조한 노론에 대한 분노, 아버지가 죽어가며 남긴 신음소리, 울음소리, 뒤주를 긁는 소리들을 모두 들으며 가슴에 새겼던 슬픔…, 이 모든 것을 끌어안고 살아온 인물이에요. 그런데도 복수 대신 포용을 택하다니, 결코 쉽지 않은 일이었을 겁니다. 대체 어떻게 이토록 어려운 결정을 할 수 있었던 걸까요? 정조가 이 힘겨운 선택을 한 이유는 단 하나, 바로 자신이 나라를 다스리고 백성을 위해야 하는 왕이었기 때문입니다.

즉위 후 정조는 한시도 정사에 대한 생각을 놓지 않았으며, 매일 이루어지는 신하들의 정무 보고도 폐한 적이 없다고 합니다. 항상 밤 깊은 줄 모르고 정무에 힘썼으며, 항시 나랏일만 생각해 궐문이 열리기도 전에 명령을 내리는 것이 보통의 일이었다고 합니다. 정조는 '정사에 부지런하고 백성들을 걱정하고, 하여 자기 직분만 다하면 그것으로 그만이다'라고 생각하는 임금이었고, 오직 백성을 위하는 왕의 직분만을 생각하며 달려 나갔습니다.

조선 시대에 '격쟁'이란 것이 있었습니다. 임금이 행차할 때 백성이 징, 꽹과리, 북을 치면서 행차를 막은 후 임금에게 직접 억울함을 호소하는 행위였죠. 이 격쟁이 가장 활발하게 이루어진 시기가 바로 정조 때였습니다. 대표적인 격쟁이 1791년 정조가 수원 행차를 나섰을 때의 일입니다. 김이수라는 사람이 오로지 임금을 만나고자 흑산도에서 수원까지 머나먼 길을 달려왔습니다. 당시 지방의 특산물을 현물로 내는 '공납'이라는 세금 제도가 있었는데, 흑산도의 특산물인 닥나무를 베어서 세금으로 내다 보니 조선 전기까지는 많았던 흑산도의 닥나무가 어느덧 사라지고 만 겁니다. 그런데도 여전히 닥나무를 바치라니, 이것을 고쳐달라고 부탁하러 온 것이었죠.

"흑산도에는 이제 닥나무가 없으니 잘못된 공납을 철폐해주십시오."

김이수의 이야기를 들은 정조는 신하들에게 사실을 알아보라고 시킨 후 잘못을 바로잡습니다. 백성의 사연 하나하나를 허투루 듣지 않은 정조의 면모가 잘 드러나는 일화죠. 이처럼 백성을 최우선으로 둔 정조는 엄격한 신분제 사회였던 조선에서 소외당하는 이가 없는 사회, 모두가 풍요롭고 행복하게 사는 세상을 추구했습니다. 이를 대표하는 것이 바로 신해통공입니다. 신해통공은 신해년에 이루어진 모두 통하는 공평한 정책을 뜻하는데, 이와 관련해서는 자세한 설명이 필요합니다.

조선 시대에 육의전을 비롯한 시전 상인은 나라에 필요한 물품을 제공하거나 세금을 내며 나라로부터 특정 상품의 독점 판매권을 받았습니다. 그런데 조선 후기가 되면서 모내기법, 대동법을 통해 상업과 수공업이 발달하면서 나라로부터 허가받지 않은 상인인 난전이 증가했죠. 난전의 증가는 기존 상인들에게 위협이 될 수밖에 없었고, 이에 나라에서는 육의전과 시전 상인에게 난전을 단속할 수 있는 권리인 금난전권을 부여합니다. 그들이 내는 세금이 나라 운영에 꼭 필요한 상황이었기 때문에 그 편에 설 수밖에 없었던 거죠.

그런데 조선 후기 대동법 실시 등으로 상업과 수공업이 더욱 발달했고, 생계를 위해 장사에 뛰어드는 사람이 더욱 늘어났습니다. 이런 상황에서 금난전권은 영세 상인들의 생계를 위협하고 경제 발달을 저해

할 뿐이었죠. 게다가 시전 상인들이 관리들과 결탁해 부정부패를 저지르는가 하면, 물건값을 지나치게 올리며 물가 상승을 초래하는 등 여러 가지 문제가 불거집니다. 또한 난전을 무리하게 단속하는 일도 많아졌는데, 심지어 "누룩을 머리에 이고 온 노파까지 난전으로 몰아 잡아갔다"는 기록도 있습니다.

이뿐만이 아닙니다. 당시 집권 세력이었던 노론과 시전 상인들이 검은 결탁을 맺고 있었다는 사실이 조사를 통해 밝혀집니다. 시전은 노론의 자금줄 역할을 했고, 노론은 그런 시전들의 뒤를 봐주고 있었던 것이죠. 이 사실을 안 정조는 1791년 신해년, 엄청난 명령을 내립니다.

"금난전권을 폐지하고, 백성 누구에게나 상거래를 허할 것이다."

이렇게 육의전을 제외한 일반 시전 상인에게 주어졌던 금난전권은 폐지됩니다. 정조의 신해통공으로 생계를 위해 도시로 몰려든 도시 빈민층과 영세 상인, 소규모 수공업자들도 보호받게 되었고, 자유로운 상업 활동이 이루어지면서 자연스럽게 물가도 안정되었죠. 즉, 신해통공은 상품 화폐 경제의 발달을 더욱 촉진시킨 정책이라고 할 수 있습니다. 이런 경제 개혁과 더불어 노론과 시전 상인들의 정경유착을 끊음으로써 노론과 시전 상인 등 기득권 세력을 약화시키는 정치 개혁도 이루어집니다.

정조의 개혁은 여기서 끝나지 않았습니다. 왕권을 지키기 위해 친위 부대인 장용영을 설치해 군사력을 길렀고, 규장각을 세워 신하들을 직접 가르치고, 당파에 구애받지 않는 신진 세력을 양성하기도 했습니다. 이처럼 다른 곳에 눈 돌리지 않고 오로지 더 나은 조선을 만들기 위해 치열한 삶을 산 정조를 보면, 이런 질문을 떠올리게 됩니다.

'변화는 어디서 시작되는가.'

정조는 카리스마를 가진 군주로 수많은 개혁을 추진하며 조선을 변화시킨 왕인 동시에 자신의 삶에도 커다란 변화를 일으킨 사람이거든요. 만약 정조가 아버지의 억울한 죽음에만 사로잡혀 있었다면 어땠을까요? 아마 왕이 된 후에도 제대로 정사를 보지 못했을 거고, 역사에는 '비운의 왕'으로만 기록됐을 것입니다. 아버지의 복수를 하겠다며 칼을 휘둘렀다면 '광기의 왕'으로 남았겠죠. 하지만 정조는 역사에 그렇게 남지 않았습니다. 개혁과 대통합을 추진하고, 백성을 위한 애민 정책을 펼친 훌륭한 군주로 기록되었죠. 이처럼 삶의 거대한 변화가 가능했던 이유는 아마도 그가 과거를 인정하고 이를 바꾸어 더 나은 미래를 만들고자 노력했기 때문일 것입니다.

정조의 업적 중 빼놓을 수 없는 또 하나가 수원 화성 건설입니다. 정조는 즉위 이후 할아버지 영조에게 정당한 대우를 받지 못했던 아버지 사도세자의 묘를 조선 최고의 명당으로 여겼던 수원으로 옮기고, 수원 화성을 건설했습니다. 즉, 정조는 아버지를 잃은 슬픔, 그 아픈 상처와 잔인한 과거를 애써 부정했던 것이 아닙니다. 이를 곧이곧대로 받아들이며 가장 건설적으로 상처를 회복하는 방법을 찾은 것이죠.

수원 화성 건설은 오직 사도세자만을 위한 것도 아니었습니다. 정조는 성 건설에 투입된 모든 백성에게 임금을 주고, 그들이 임금으로 물건을 사면서 자연스럽게 시장 경제가 형성되도록 만들었습니다. 즉, 정조의 수원 화성 건설은 사도세자의 명예를 회복시키기 위해 취한 조치이자, 자신의 새로운 꿈을 펼치기 위한 도시 설계였습니다.

정조는 재위 기간 중 총 열세 차례나 수원으로 원행을 갔는데, 사도세자의 묘소를 옮긴 지 6년째 되던 해인 1795년 을묘년 원행이 가장 성대하게 진행되었습니다. 1795년은 정조가 국왕에 즉위한 지 20년이 되던 해인 동시에 사도세자와 그의 어머니 혜경궁 홍씨가 회갑을 맞은 해이기도 했기 때문입니다. 이 경사를 위해 "역사상 가장 성대한 잔치를 열 것"이라고 선포한 정조는 어머니 혜경궁 홍씨를 모시고 서울에서 수원까지 60여 킬로미터의 대장정을 떠났는데, 정조를 따르는 수행원만 6,000여 명에 달했다고 합니다. 당시 정조는 백성들이 행렬을 가까이서 볼 수 있도록 허락했는데, 이에 왕을 보고자 모인 백성들은 축제 같은 분위기를 즐겼다고 전해집니다.

화성 행차는 여러 날 동안 이어졌는데, 축제의 백미인 혜경궁 홍씨의 회갑연이 열린 다섯째 날, 정조는 신하들을 한자리에 불러 모았습니다. 그날은 아버지 사도세자의 생일이기도 했고, 그 자리에는 사도세자의 죽음에 일조한 신하도 여럿 있었기에 아마도 정조는 만감이 교차했을 텐데, 그는 모든 신하에게 술을 권하며 잔치 분위기를 고조시켰다고 합니다. 정조는 이 술잔에 복수와 분노가 아닌 화해와 용서의 의미를 담았을 겁니다. 아버지를 죽음으로 내몬 자들에 대한 분노와 국왕으로서의 책무, 공과 사 사이에서 방황했던 그 모든 슬픔을 풀고자 한 것이죠.

리셋증후군이라는 말이 있습니다. 컴퓨터의 리셋 버튼을 눌러 처음부터 다시 시작하는 것처럼, 현실도 아예 리셋하고 싶어 하는 마음을 일컫는 용어입니다. 어디서부터 잘못됐는지 알 수 없고 어떻게 문제를 해결해야 할지 감도 잡히지 않을 때, 지금까지의 삶을 변화시키는 것이 불가능하다고만 여겨질 때, 차라리 인생을 리셋하고 싶다고 생각하는 사람이 많다고 합니다.

그런 사람들에게 정조의 삶은 이야기합니다. 바꾸고 싶은 과거를 외면하거나 부정하지 않고 그대로 직시할 때, 그래서 변화해야 할 부분을 면밀히 파악할 때, 그렇게 변화의 목표와 방향을 분명히 정할 때 비로소 변화가 시작될 수 있다고요. 물론 상처와 마주하는 일은 쉽지 않습니다. 지우고 싶고 잊고 싶은 기억을 안고 산다는 건 또 다른 상처를 만드는 일일 수도 있습니다. 하지만 상처를 두려워하지 않고 상처받을 용기를 내는 것이 중요함을, 변화는 바꾸고 싶은 바로 그 과거에서부터 시작해야 한다는 사실을, 어린 시절의 트라우마를 극복하고 훌륭한 군주로 성장한 정조의 삶이 보여주고 있습니다.

상처로 가득했던 혼돈의 시기

붕당 정치의 폐단

선조 때 중앙 정치를 주도한 사림은 정치적 입장과 학문적 견해 차이에 따라 붕당을 형성했다. 초기에는 각 붕당이 상호 견제와 협력을 통해 정치를 운영하면서 정치 참여의 폭을 넓히고 공론을 형성하는 기능을 수행했으나 현종 때 왕실 의례 문제로 예송이 일어나면서 붕당 간 대립이 격화되었다. 이어 숙종 때 환국이 되풀이되면서 정권을 잡은 붕당이 모든 권력을 틀어쥐고 상대 붕당을 가혹하게 탄압하면서 특정 붕당이 정권을 독점하는 일당 전제화가 나타났다. 집권 세력은 공론보다 자기 당파의 이익을 앞세웠고, 권력을 지속하기 위해 왕위 계승 문제에 개입하며 왕권까지 위협하는 등 붕당 정치의 폐단이 심각했다.

노론(老論)과 소론(少論)

숙종 때 남인의 영수인 영의정 허적이 집안 잔치를 벌이면서 궁궐에서 쓰는 유막(기름 먹인 천막)을 무단으로 사용하자 이에 분노한 숙종이 남인이 장악하고 있던 조정의 권력을 서인에게 넘긴다. 이로써 남인이 실각하고 서인이 정권을 장악하는데 이를 경신환국이라고 한다. 경신환국 이후 남인에 대한 처벌을 놓고 서인은 강경파와 온건파로 나뉘는데, 이

노론의 영수 송시열(좌), 소론의 영수 윤증(우)

중 강경파는 주로 노장층이어서 노론, 온건파는 소장층이어서 소론이라 했다. 초기 노론의 영수는 송시열, 소론의 영수는 윤증이었다. 이후 정계는 노론과 소론이 주도했으며 당쟁 역시 노론과 소론을 중심으로 전개되었다.

영조 1694~1776

조선의 제21대 왕. 조선의 왕 중에서 가장 오랜 기간 재위(1724~1776)했다. 숙종의 둘째 아들로 숙종 사후 왕세자인 경종이 즉위했으나 경종이 병약하고 왕자가 없자 왕세제로 책봉되어 경종의 뒤를 이었다. 경종을 지지하는 소론과 자신을 지지하는 노론의 대립으로 목숨의 위협까지 느껴야 했던 영조는 즉위 후 붕당의 대립을 완화하기 위해 노론과 소론의 온건파를 육성해 정국을 운영하는 탕평 정치를 펼쳤다. 영조는 이 외에도 왕권 강화와 민생 안정을 위한 여러 개혁 정책을 펼쳤는데, 대표적으로 기존 1년 2필이었던 군포를 1년에 1필만 내게 한 균역법이 있다.

사도세자 1735~1762

영조의 둘째 아들이자 정조의 아버지. 첫째 아들 효장세자가 요절한 뒤 영조의 나이 마흔이 넘어 얻은 아들로 국왕의 사랑과 왕실의 기대를 한 몸에 받고 자랐다. 하지만 노론과 소론의 당쟁이 격화되는 상황에서 대리청정에 임한 데다 영조의 혹독한 질책이 계속되자 결국 이를 이기지 못하고 정신 질환을 얻었다. 이후 나경언이 세자의 비행을 적은 고변을 올리고, 이를 접한 영조는 세자에게 자결을 명했다. 세자가 이를 받아들이지 않자 영조는 그를 뒤주에 가두었고, 세자는 결국 뒤주에 갇힌 지 8일 만에 죽음을 맞이했는데 이를 임오화변이라고 한다. 영조는 세자가 죽은 뒤 사도(思悼)라는 시호를 내렸다. 그의 아들인 정조가 즉위하면서 장헌(莊獻)으로, 1899년(고종 36년)에 다시 장조(莊祖)로 추존되었다.

一
生
一
問

열세 번째 질문

어떻게
한계를 극복할 것인가

'함께'의 가치

한계[限界, limit] :

사물이나 능력,

책임 따위가 실제 작용할 수 있는 범위.

또는 그런 범위를 나타내는 선.

서구 문명의 시작

그리스

폴리스라 불리는 작은 도시 국가 중에서도

너무나 달랐던 두 지역

아테네와 스파르타

평민에게도 부여된 투표권

고대 민주정의 상징이자 문화의 중심지

아테네

시민보다 많은 수의 노예

가혹한 신체적 훈련으로

국가에 대한 헌신을 중요시한

스파르타

서로 다른 체제와 문화로 인해

사이가 좋지 않았던 두 앙숙 앞에

어느 날 들이닥친

페르시아 군대

영토를 확장하고

지중해의 패권을 장악하려는 페르시아에게

역사에 남을 정치 체제를 만든 아테네와

가장 강한 군사력을 가진 스파르타는

제거의 대상일 뿐

혼란에 빠진 두 도시 국가는 페르시아에게

너무도 쉬운 먹잇감이었다.

자명한 패배의 시나리오

반전의 기미가 조금도 보이지 않는 위기

세계의 패권을 노리는 초강대국을 적으로 맞아

그리스라는 공동체를 지켜내야 하는

두 도시 국가 앞에 놓인 장벽

누구나 던질 수 있는 질문,

그러나 결코 찾을 수 없을 것 같은 대답

혼자서는
넘을 수 없는 한계를
어떻게
극복할 것인가?

기원전 492년부터 479년까지,
11년간 세 차례에 걸친 전쟁에서
대제국을 꿈꿨던 페르시아를
무릎 꿇게 만든 힘은 바로

'함께' 싸우는 것

그 결과
매 전쟁마다
10만 이상의 대군을 이끌고
그리스 지역으로 진군한 페르시아는

단 한 번도

아테네와 스파르타 연합군을

이기지 못했다.

여기 두 사람이 있습니다.

한 사람은 폐위된 왕의 손자입니다. 그의 할아버지는 정사를 어지럽혔다는 이유로 재위 4년 만에 왕의 자리에서 밀려났고, 왕위 계승자였던 손자는 하루아침에 권력의 사다리에서 굴러 떨어지고 맙니다. 일순간에 권력의 한복판에서 변방으로 밀려난 그는 깊은 좌절에 시달리죠.

또 다른 한 사람은 사정이 더욱 좋지 않습니다. 그의 증조할아버지는 멸망한 나라의 마지막 왕이었습니다. 비록 그의 생전에 벌어진 일이긴 하나, 여하튼 권력뿐 아니라 나라마저 잃은 그는 망국의 후예라는 뿌리 깊은 낙인을 안고 살아가야 했습니다.

그리고 얼마 후 각자의 한계 앞에서 절망하던 두 사람이 의기투합합니다. 혼자 힘으로는 부족하나 그 모자란 힘도 합치면 커다란 힘이 될 수 있다는 것을 알았기 때문이죠. 그렇게 손잡은 두 사람은 선덕여왕과 진덕여왕 때 정사를 주도하며 마침내 막강한 권력을 손에 넣습니다.

서로 힘을 합쳐 각자의 한계를 뛰어넘은 두 사람은 바로 신라가 삼국을 통일하는 데 결정적 역할을 했다고 평가받는 김춘추와 김유신입니다. 김춘추는 재위 4년 후 폐위된 신라 진지왕의 손자였고, 김유신은 금관가야의 마지막 왕 구형왕의 증손자였습니다. 진지왕이 폐위되자 그의 아들 김용춘 대신 조카 김백정이 왕위를 이어 진평왕이 되었고, 자연스레 김춘추는 왕의 자리에서 멀어졌죠. 그리고 김유신은 태어날 때부터 신분의 한계를 안고 있었습니다. 가야가 멸망한 후 신라에 투항한 가야 왕족은 진골 귀족으로 편입되었으나, 같은 진골이라도 본래 신라인인 진골 귀족과는 구분되어 차별을 받았기 때문에 가야 출신 진골인 김유신은 태생적 한계가 분명했죠.

이처럼 각자의 한계와 싸워야 했던 두 사람이 힘을 합친 결과, 훗날 김춘추는 신라의 태종 무열왕이 되었으며, 김유신은 태대각간이라는 최고 관직까지 올랐습니다. 태대각간은 신라 17관등 중 1등급인 이벌찬의 이칭인 각간에 큰 업적을 치하하려고 '태대'를 붙인 것이죠.

살다 보면 여러 한계에 부딪히기 마련입니다. 경제적 한계로 인해 하고 싶은 공부를 포기하고 생업에 뛰어들어야 하는 사람도 있고, 능력의 한계로 인해 원하는 목표를 달성하지 못하고 좌절하는 사람도 있습니다. 최선을 다해 노력하면 한계는 얼마든지 극복할 수 있다고들 하지만, 그런 이야기가 때로는 더 큰 상처가 되기도 합니다. 응원과 위로의 그 말이 '노력이 부족해서 한계를 뛰어넘지 못하는 것'이라는 질책처럼 느껴질 때가 있으니까요.

하지만 아무리 열심히 해도, 나 혼자만의 노력으로는 결코 뛰어넘을 수 없는 한계도 분명 있는 법입니다. 아무리 발버둥 쳐도 늘 제자리일 때, 혼자서는 도저히 감당할 수 없을 것 같은 거대한 장애물과 싸워야 할 때…, 이럴 때는 혼자서 모든 것을 이겨내려 하기보다는 뜻이 맞는 사람과 힘을 합치는 것도 방법일 수 있습니다.

'어떻게 한계를 극복할 것인가.'

이 질문에 협력이라는 하나의 가능성을 제시하는 것이 바로 김춘추와 김유신의 이야기입니다. 김유신의 동생 문희가 김춘추의 옷고름을 달아준 것을 계기로 부부의 연을 맺으면서, 김유신과 김춘추의 인연은 본격화됩니다. 그런데 이와 관련해서는 일찍이 김춘추가 왕이 될 재목임을 알아본 김유신이 자신의 동생과 결혼시키기 위해 일부러 김춘추의 옷고름을 밟아서 떼버린 후 자기 집으로 데려갔다는 이야기가 전해집니다. 여하튼 처남과 매제의 관계가 된 두 사람은 이후 서로 협력하며 힘을 키워갑니다. 그리고 이 두 사람이 한계를 극복하는 데 결정적인 역할을 한 조력자가 한 사람 있습니다. 바로 선덕여왕입니다. 선덕여왕은 이 둘의 능력을 높이 샀고, 당시 단단한 골품제의 벽에도 불구하고 신라 조정의 비주류라 할 수 있었던 이들을 과감히 등용합니다. 만약 선덕여왕이 없었다면, 아무리 두 사람이 뜻을 같이하며 미래를 도모했다 해도 그것이 현실로 이루어지기는 어려웠을지도 모릅니다. 이렇게 보자면 김춘추와 김유신의 한계 극복은 두 사람이 아닌 세 사람의 힘이 합해진 덕분이라고도 할 수 있겠습니다.

자신들을 등용한 선덕여왕의 선택에 보은이라도 하듯 두 사람은 여왕의 든든한 우군이 되어 다양한 정무를 처리했습니다. 642년 백제가 신라 대야성을 공격하고 신라군이 참패를 당했을 때, 이 위기를 타개하고자 고구려에 군사를 빌리러 간 인물도 선덕여왕의 명을 받은 김춘추였습니다. 당시 고구려와 백제가 신라의 당항성을 뺏기 위해 압박하는 상황에서 여왕의 명을 수행하고자 제 발로 적진에 들어간 것입니다. 물론 김춘추를 만난 고구려의 연개소문이 신라가 갖고 있던 한강 유역을 내놓아야만 도와준다는 바람에 협상은 결렬됐지만 말입니다.

한편 김유신이 가장 크게 활약한 시기는 비담의 난 때입니다. 선덕여왕 재위 당시 상대등이라는 자리에 있었던 비담은 "여성 군주는 나라를 잘 다스릴 수 없다!"며 들고 일어나는데, 그 난을 제압하고자 전면에 나선 사람이 바로 김유신입니다. 하지만 안타깝게도 선덕여왕은 비담의 난이 진행되는 도중 죽음을 맞이하고, 진덕여왕이 그 뒤를 잇습니다. 김유신이 반란군을 진압한 것도 진덕여왕 때의 일로, 이와 관련해 전해지는 일화가 있습니다.

반란군과 진덕여왕의 군이 각각 경주 동쪽 명활성과 월성에 자리하며 열흘간 치열한 공방을 벌이던 그때, 하늘에서 갑자기 큰 별이 떨어졌습니다. 비담은 "큰 별이 떨어지면 반드시 피를 흘리는 일이 있다", 즉 김유신이 이끄는 신라군이 전투에서 패할 것이라며 군사들의 사기를 북돋웁니다. 실제로 김유신의 부대는 하늘의 계시라며 위축되었는데, 김유신은 허수아비에 불을 붙여서 띄워 올리며 "떨어진 별이 다시 올라가고 있다"라며 군사들을 독려합니다. 덕분에 신라군은 다시 기세를 올렸고, 결국 반란군을 진압했죠.

시간이 흘러 진덕여왕이 후사 없이 사망하자 신라 조정은 뒤를 이을 인물을 고민하고, 신하들은 당시 화백회의의 의장이었던 상대등 알천을 섭정을 행할 왕으로 추대합니다. 그러자 알천은 이를 사양하며 이렇게 말합니다.

> **"신은 늙고 이렇다 할 만한 덕행도 없습니다.**
> **지금 덕망이 높기로 춘추공만 한 자가 없습니다.**
> **실로 가히 빈곤하고 어려운 세상을 도울 영웅호걸입니다."**

-《삼국사기》 중에서

이에 김유신도 찬성하며 김춘추가 왕이 되는 것을 적극적으로 지원했고, 김춘추는 세 번 사양하다 왕위에 오르기로 합니다. 이전까지 '성골'만이 쭉 왕위를 계승했던 오랜 관습을 깨고, 김춘추가 진골 출신 첫 번째 왕인 태종 무열왕이 된 것이죠. 이후 김춘추는 진덕여왕 때 자신이 추진한 나당 연합을 기반으로 백제를 치는데, 이때도 김유신은 그의 든든한 파트너로 싸움에 나서 백제를 멸망시키는 데 일조합니다.

한계 극복이라는 관점에서만 바라볼 때, 김유신과 김춘추의 협력은 내 앞의 견고한 장애물을 뛰어넘는 데 '함께'가 어떤 힘을 발휘하는

지 보여줍니다. 꼭 나 혼자의 힘으로 해내야만 빛나고 의미 있는 것은 아니라는 사실, 뜻을 같이할 사람, 서로의 단점을 보완하고 장점을 극대화할 사람과 함께할 때 더 큰 성취를 이루어낼 수 있다는 사실을 김유신과 김춘추를 통해 알게 됩니다. "빨리 가려면 혼자 가고, 멀리 가려면 함께 가라"는 아프리카 속담도 있듯이, 내 앞에 높디높은 벽이 놓여 막막할 때 '함께'의 가치를 떠올려보면 좋겠습니다.

신분과 성별의 차별을 넘어

골품제

왕족을 대상으로 한 골제(성골, 진골)와 귀족을 대상으로 한 두품제(6~1품)가 통합된 신라의 신분 제도. 정복하거나 통합한 지역의 부족장을 중앙 귀족으로 편입시키는 과정에서 세력에 따라 등급을 서열화하면서 마련되었다. 골품제는 정치·사회 활동의 범위뿐만 아니라 가옥의 규모와 수레 크기, 장신구 등 일상생활까지 규제하는 매우 폐쇄적인 신분 제도였다.

성골은 김씨 왕족 중에서도 왕이 될 수 있는 자격을 가진 최고의 신분이었으며, 진골도 성골처럼 왕족이었으나 왕이 될 자격은 없었다. 하지만 진덕여왕을 끝으로 성골이 소멸되고 태종 무열왕(김춘추)부터는 진골 출신이 왕위에 올랐다.

화재로 소실되고 터만 남은 경주 황룡사지

선덕여왕 ?~647

신라의 제27대 왕. 진평왕의 큰딸로 진평왕이 아들이 없이 죽자 화백회의에서 왕으로 추대했다. 여성이라는 이유로 귀족들의 불만과 대외적인 냉대에 시달렸으나 이에 굴하지 않고 불교를 통해 왕권을 강화하고 문화적으로 나라를 융성케 하고자 노력했다. 실제로 높이 80여 미터의 황룡사 9층 목탑을 비롯해 분황사와 첨성대 등이 이 시기에 건립됐다. 선덕여왕은 또한 당시 비주류였던 김춘추와 김유신을 중용해 정치를 이끌었다. 당과 적극적으로 교류하며 문물을 받아들여 문화를 발전시켰으며, 백제 의자왕의 공격으로 위기를 맞자 김춘추를 당으로 보내 동맹을 제안하며 고구려의 군사적 위협을 견제했다.

비담의 난

647년에 상대등 비담이 염종 등과 함께 "여성 군주는 나라를 잘 다스릴 수 없다!"라는 명분으로 일으킨 반란이다. 비담은 출신에 대해 정확히 알려진 바는 없으나 화백회의 수장인 상대등에 올랐던 것으로 보아 진골 신분이었을 것으로 추측한다.

이 사건은 왕위 다툼이기도 하지만 중앙집권이 약하고 귀족 중심으로 이루어졌던 신라의 정치가 재편되는 과정에서 일어났다고 볼 수 있다. 선덕여왕은 김춘추와 김유신을 등용해 왕권을 중심으로 중앙집권체제를 강화했는데, 이에 대한 진골 귀족 세력의 불만이 비담의 난으로 표출된 것으로 보기도 한다. 난 도중에 선덕여왕이 승하해 진덕여왕이 왕위를 계승했다. 김춘추와 김유신이 비담의 난을 진압하면서 화백회의를 중심으로 한 귀족 세력이 위축되고 중앙집권적 전제 왕조의 기틀이 마련되었다.

一
生
一
問

열네 번째 질문

성공으로 가는 가장 빠른 길은 무엇인가

×

최후의 승자

고구려

2세기

백제

3세기

신라

4세기

삼국이 각각

고대 국가의 기틀을 잡았던 순서

고구려, 2세기

백제, 3세기

신라, 4세기

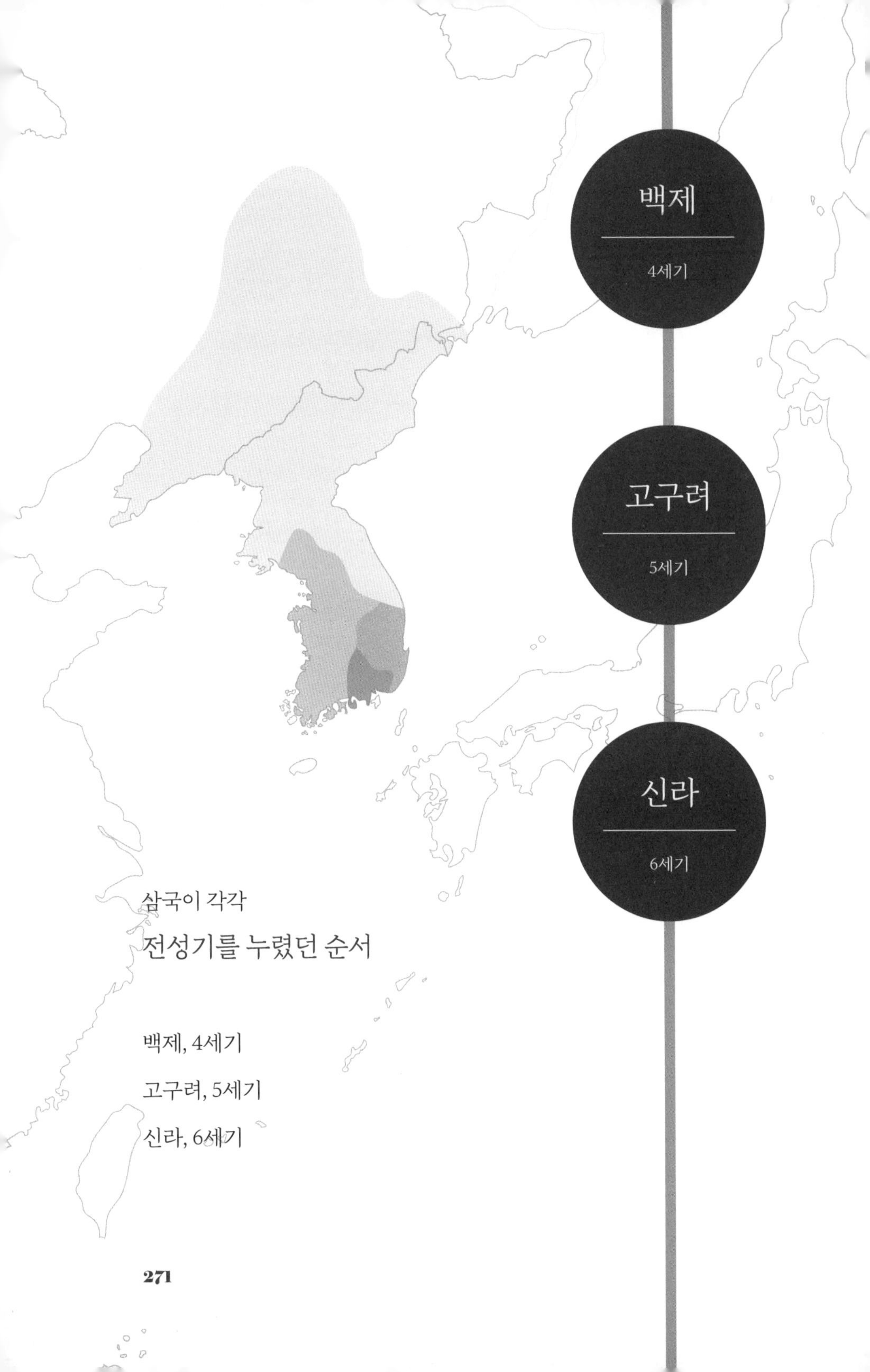

삼국이 각각

전성기를 누렸던 순서

백제, 4세기

고구려, 5세기

신라, 6세기

출발이 늦었던 백제가 가장 먼저 전성기를 구가할 수 있었던 이유

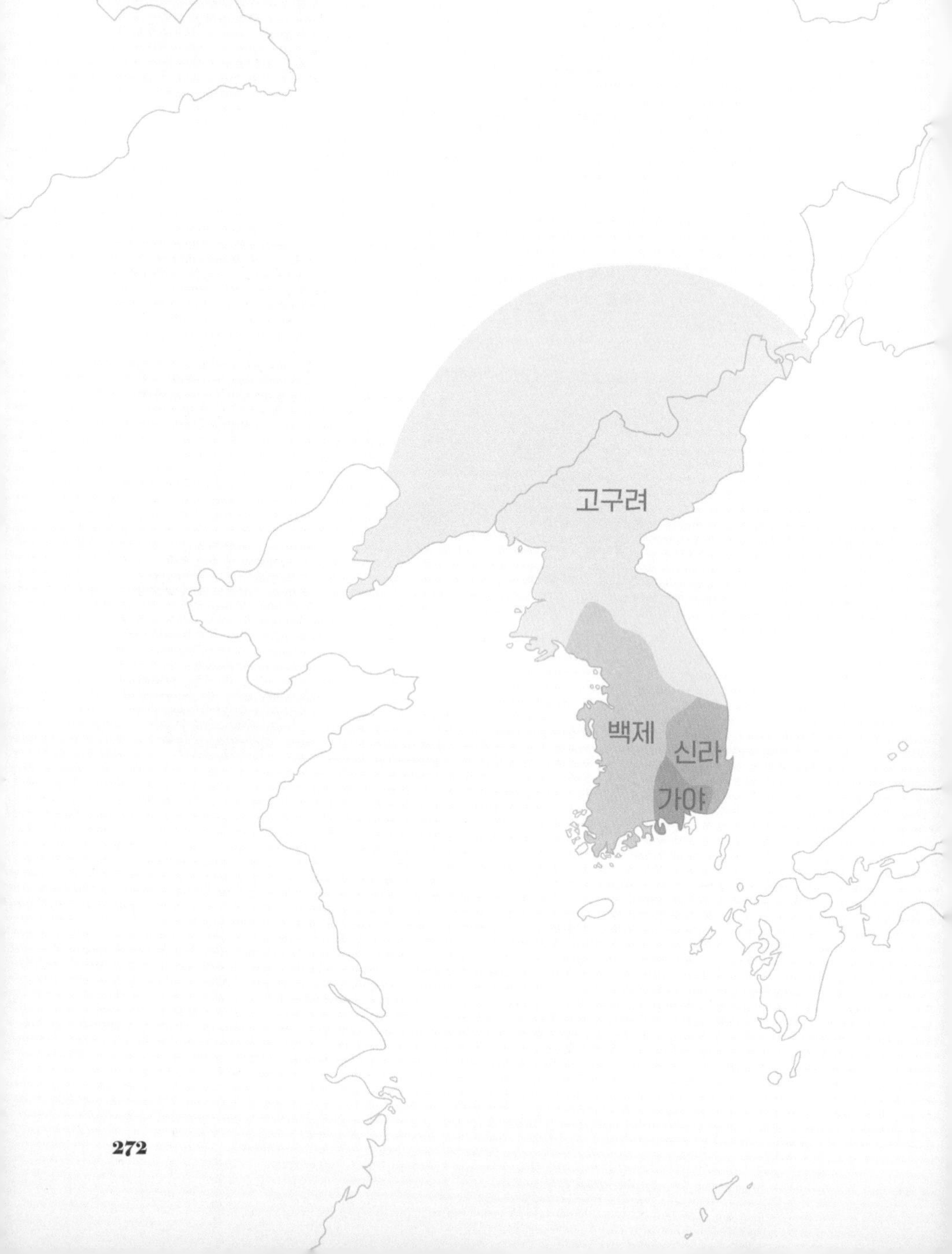

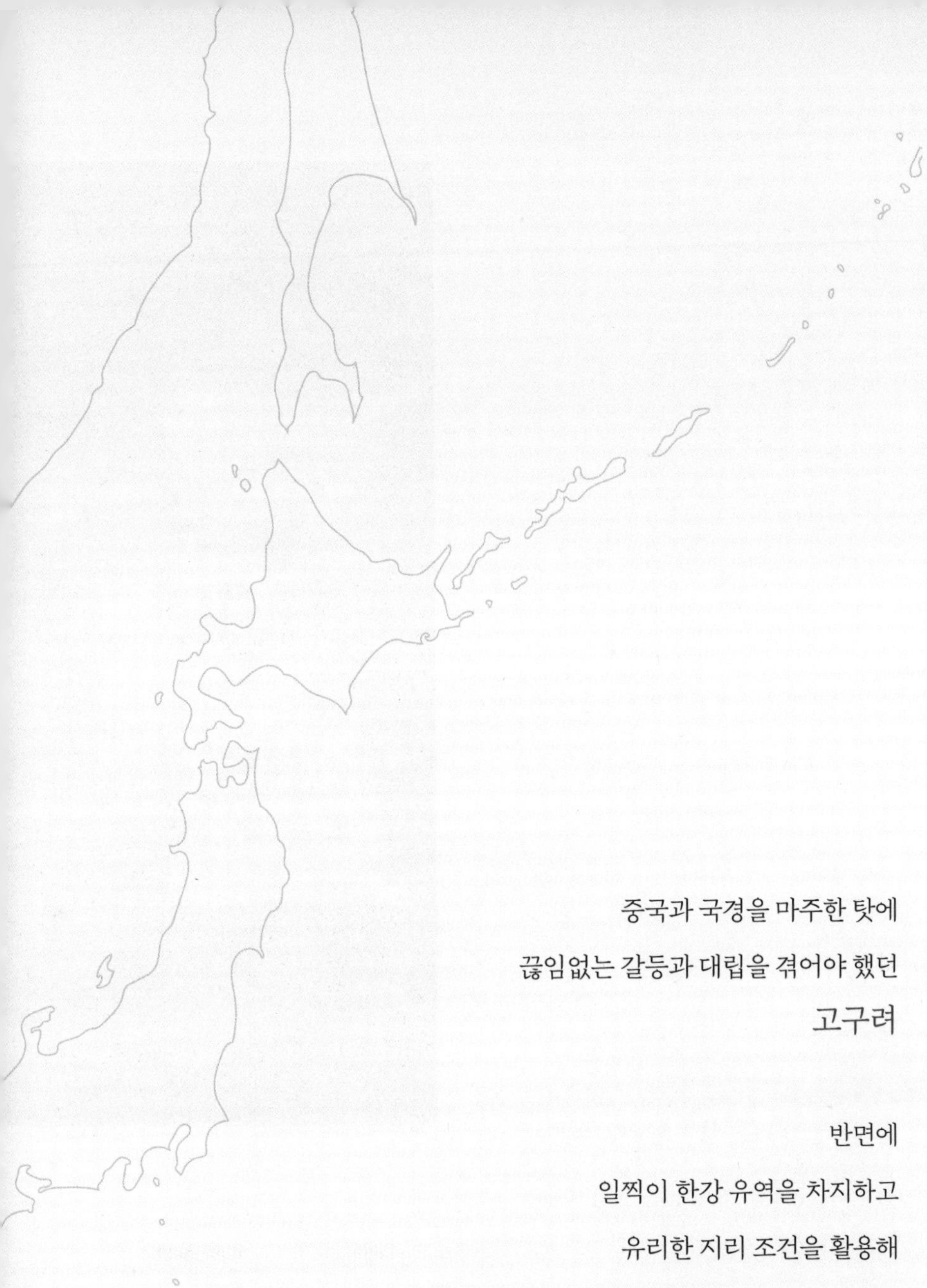

중국과 국경을 마주한 탓에

끊임없는 갈등과 대립을 겪어야 했던

고구려

반면에

일찍이 한강 유역을 차지하고

유리한 지리 조건을 활용해

빠르게 성장할 수 있었던

백제

그리고

모든 과정에서

늘 뒤처져 있던 나라

백제가 전성기를 맞이한 4세기에야

겨우 고대 국가의 기틀을 마련하고,

그로부터 200년이 지난

6세기에야 영화를 누린

신라

경주 월정교. 통일신라의 수도 서라벌의 남천(南川) 위에 지은 다리로
일정교와 함께 경주 월성의 궁궐과 건너편의 남산 지역을 이어주는 역할을 했다.

경북 경주시 토함산 기슭에 위치한 불국사. 신라 때 지은 사찰로
1995년 석굴암과 함께 유네스코 세계문화유산으로 지정되었다.

가장 늦게 전성기를 맞은 신라가

삼국을 통일할 수 있었던 이유

고구려를 견제하기 위한

백제와의 동맹

한반도를 넘어

당과도 손을 잡는

신라의 유연함

같은 혈통과 언어, 문화를 공유하지만

다른 국가 체제에 속했던 세 나라

그중에서도

가장 열악한 상황에서 삼국을 통일한

신라

세계에서 두 번째로 오랜 역사를 가진 나라

천 년을 이어온 민족국가

신라의 성공 비결은

속도나 힘이 아닌 유연함에 있다.

저의 '한국사능력검정시험' 강의를 듣는 분들 중에는 아무래도 학생이나 취준생이 많은데, 우리나라를 이끌어갈 미래의 리더들과 함께 공부하는 일은 제게도 많은 에너지를 줍니다. 하지만 가끔은 안타까운 이야기를 듣기도 하는데, 대입에 실패했거나 취업이 늦어지는 친구들은 불안감을 토로하곤 합니다.

"친구들은 대학 가서 벌써부터 자격증 준비하고 토익 시험을 보는데, 저 혼자 뒤처진 것 같아서 불안해요."

"저 정말 열심히 했거든요. 학점도 잘 받았고, 스펙도 잘 쌓았고요. 그런데 왜 취업이 안 되는 걸까요? 시작도 못 해보고 실패자가 된 기분이에요."

이런 말을 들을 때마다 참 안타깝습니다. 참고 기다리면 때가 온다,

나도 그런 시기가 있었다 같은 말들이 이때는 잘 들리지 않는다는 걸 알기에 더더욱 말을 꺼내기가 어렵습니다. 하지만 저는 역사를 공부하는 사람이고, 그렇기에 역사의 경험, 즉 가장 확실한 증거를 토대로 자신 있게 말할 수 있습니다.

많은 사람이 '성공으로 가는 가장 빠른 길은 무엇인가'를 고민하지만, 누가 먼저 출발하느냐가 아니라 마지막에 웃는 자가 누구인지가 중요하다고 말이에요. 성공과 직결되는 빠른 길을 고민하고 모색하는 과정에서 성장과 발전이 이루어지는 것은 맞지만, 사실 속도는 큰 의미가 없습니다. 더디더라도 제대로 가면, 늦었더라도 포기하지 않으면, 결국 내가 바라는 성공에 이를 수 있거든요. 이 사실을 증명하는 대표적인 사례가 있습니다. 가장 더디게 성장했지만 삼국 통일의 주역이 된 신라입니다.

신라는 진한의 사로국에서 출발합니다. 한반도 동남쪽에 치우쳐 있었던 까닭에 삼국 중 가장 늦게 고대 국가로 발전하지요. 북쪽은 고구려, 서쪽은 백제가 막고 있어 선진 문물의 수용이 늦어졌기 때문입니다. 백제가 마한을 정복하고 요서, 규슈 지역과 교류를 확대하며 전성기를 누릴 즈음에야 신라는 김씨 왕위 세습이 시작되며 겨우 중앙집권 체제를 갖출 수 있었죠. 하지만 가장 먼저 성장한 백제의 전성기도 오래가지는 못합니다. 고구려에 광개토태왕과 장수왕이라는 걸출한 왕이 등장하는 바람에 백제는 한반도의 주도권을 고구려에 내어줄 수밖에 없었죠. 고구려는 백제를 무섭게 압박했습니다. 특히 평양으로 도읍을 옮긴 고구려 장수왕이 남진 정책을 펼치면서 백제의 위기는 절정에 달합니다.

이때 백제의 선택은 신라와 손을 잡는 것이었습니다. 삼국 중 고구려를 제외한 두 나라가 힘을 합쳐 고구려에 맞서려고 한 것이죠. 백제와 신라는 살아남기 위해 '나제 동맹'을 맺습니다. 하지만 남쪽으로 물밀듯이 내려오던 고구려는 급기야 백제의 수도인 한성을 함락시키는 데 성공합니다. 이 과정에서 백제의 개로왕이 전사하고, 백제는 지금의 공주 지역인 웅진으로 수도를 옮깁니다. 왕의 전사, 수도 함락이라는 엄청난 시련이 닥치자 백제는 나제 동맹을 강화할 수밖에 없었어요. 이에 백제의 동성왕은 신라 왕실과 결혼하며 동맹을 더욱 공고하게 만듭니다.

시간이 흘러 성왕이 다스리게 된 백제는 다시 차곡차곡 재기를 위한 준비를 합니다. 좁은 웅진을 벗어나 사비로 도읍을 옮기고, 국호도 남부여로 바꾸는 등 변화를 꾀합니다. 왜 뜬금없이 남부여였을까요? 이를 알기 위해선 백제의 출발로 거슬러 올라갈 필요가 있습니다. 부여에서 내려온 고주몽이 세운 나라가 고구려고, 고주몽의 아들들이 세운 나라가 백제거든요. 성왕은 백제의 출발 자체를 부여로 잡으면서, 고구려가 아니라 백제가 부여 계승의 정통성을 가진다는 것을 강조하고자 나라 이름을 남부여로 못 박은 것입니다.

백제가 이렇게 국력을 다지며 한강 탈환의 꿈을 꾸던 중 절호의 기회가 찾아옵니다. 광개토태왕과 장수왕의 시대가 끝난 고구려가 내부의 권력 투쟁과 북방 돌궐의 침입 등으로 혼란을 겪게 된 것입니다. 이때까지 무려 100년 넘게 백제와 신라의 나제 동맹이 이어지고 있었는데, 성왕은 이 동맹을 이용해 고구려를 공격하고 마침내 고구려로부터 한강 유역을 빼앗습니다. 백제는 자신들이 출발한 곳이자 500년 가까이 터전으로 삼았던 곳을 되찾았으니 얼마나 기뻤을까요.

그러나 기쁨도 잠시, 믿었던 신라의 진흥왕에게 뒤통수를 맞고 백제는 한강 하류를 다시 빼앗깁니다. 사실 신라도 백제만큼 한강을 차지하고 싶어 했어요. 한강 유역은 비옥한 평야로 이루어져 일찍부터 농경이 발달했을 뿐 아니라, 황해를 통해 중국의 선진 문물을 직접적으로 받아들일 수 있었어요. 그래서 삼국이 한강 유역을 차지하기 위해 항쟁했던 겁니다. 실제로 한강 유역을 차지한 나라는 전성기를 누리며 한반도의 주도권을 장악할 수 있었고요.

그러니까 신라 진흥왕은 백제 성왕과 손잡을 때부터 은밀히 한강을 차지하려는 큰 그림을 그리고 있었던 겁니다. 빨리 한강 유역을 차지해 전성기를 맞이하고 싶은 마음은 성왕과 같았겠지만, 속도에 치중하다 일을 그르칠 수 있기에, 중요한 것은 빨리 한강 유역을 차지하는 게 아니라 최후의 승자가 되는 것임을 알았기에 오랜 시간 동안 치밀하게 준비한 것이지요.

상황이 이리 되었으니 성왕은 정말 화가 많이 났을 거예요. 오랜 준비 끝에 꿈을 이루었는데, 1~2년도 아니고 100년 넘는 시간 동안 함께 힘을 모아온 신라로부터 제대로 뒤통수를 맞았으니까요. 그런데 배신당한 성왕은 의외의 선택을 합니다. 자신의 딸을 배신자인 진흥왕에게 시집보낸 겁니다. 사실 이건 성왕의 정치적 한 수였습니다. 겉으로는 신라와 우호 관계를 유지하는 듯 시간을 끌면서 신라와의 전면전을 준비한 것이죠.

마침내 만반의 준비를 마친 백제는 가야와 왜의 지원을 받아 관산성을 공격했고, 전투 초반에는 대규모 병력을 동원한 백제군이 승기를 잡았습니다. 하지만 예상치 못한 사건이 벌어집니다. 전쟁이 길어지자 성왕이 전투를 이끄는 자신의 아들을 격려하고자 관산성으로 향했는데, 이 과정에서 매복해 있던 신라군에게 발각되어 전사하고 만 겁니다. 왕의 죽음이 알려지자 백제군의 사기는 크게 떨어졌고, 결국 전투에 패하고 말죠. 이 일로 백제는 다시 한번 치명상을 입었고, 전성기를 되찾으려는 노력은 수포로 돌아가고 말았습니다.

그런데 여기서 생각해볼 문제가 있습니다. 진흥왕은 정말 배신자일까요? 국가 대 국가의 동맹은 그 시기, 그 시대를 유지시키기 위한 수단일 뿐이에요. 삼국이 서로 항쟁하던 시기 고구려, 백제, 신라는 한반도의 주도권을 잡기 위해 겨루는 경쟁자들이었을 뿐입니다. 백제 입장에서는 진흥왕이 의리 없는 사람이지만, 신라에는 국익을 챙긴 위대한 왕입니다.

또 이런 생각도 해봅니다. 사실 신라는 진흥왕 전에 지증왕, 법흥왕을 거치며 개혁을 통해 차근차근 국력을 쌓아왔는데 백제가 그런 신라를 너무 얕잡아본 것은 아닐까요? 백제는 고구려와의 대결에만 신경을 쓴 나머지 신라를 변방의 후진국, 그저 자신들의 숙원을 이루도록 도와줄 세력 정도로만 여긴 것 같습니다. 진흥왕의 배신 때문이 아니라 이러한 오판으로 인해 백제가 중흥의 꿈을 날려버린 것이 아닐까 하는 생각이 듭니다.

여하튼 젊은 왕인 진흥왕의 과감하고 발 빠른 선택은 가장 늦게 출발한 신라가 삼국 통일의 주역이 될 기회를 만들었습니다. 이후 진흥왕은 정복 군주로서 영토를 확장해나가며 백제를 도운 대가야까지 정복합니다. 그리고 화랑도를 국가적 제도로 정비해 삼국 통일의 발판을 마련했죠. 훗날 백제의 계백과 황산벌 전투를 벌일 때 화랑들이 몸을 던져서 전세를 뒤집거든요. 이렇게 화랑도는 삼국 통일에 굉장히 중요한 역할을 하게 됩니다.

전성기를 구가하던 신라는 백제 의자왕의 공격으로 잠시 위기를 맞기도 했지만, 곧 새로운 돌파구를 찾아냅니다. 신라는 당과 연합해 백제, 고구려를 차례로 무너뜨린 뒤 마침내 삼국을 통일하죠. 신라는 비록 출발은 늦었지만 당시 시대적 변화에 발을 맞추어 나가며 차근차근 국력을 쌓았고, 이렇게 쌓인 내공을 바탕으로 삼국의 경쟁에서 최종 승리자가 된 것이지요.

이렇듯 누가 먼저 출발했느냐가 아니라 묵묵히 자기 길을 가는 것, 그리하여 결국 목표한 종착지에 도달하는 것이 중요하다는 사실을 역사는 늘 우리에게 알려줍니다. 늦었더라도 포기하지 않고 계속 스스로의 개혁을 통해 변화해 나간다면 언젠가 전성기는 찾아옵니다. 다른 사람과 비교해서 늦었다고 좌절하지 말고, 꾸준히 자신의 길을 걸어 나가면 좋겠습니다.

조선 시대 문인 김득신의 묘비에 이런 문구가 새겨져 있습니다.

"

재주가 남만 못하다
스스로 한계를 짓지 말라.
나보다 어리석고 둔한 사람도 없겠지만,
결국에는 이룸이 있었다.
모든 것은 힘쓰는 데
달려 있을 따름이다.

"

지금의 성공에 자만할 필요도, 오늘의 실패에 실망할 필요도 없다는 말입니다. 인생은 무척 길고 복잡하니까요. 사람마다 전성기가 다를 뿐 언젠가는 나만의 전성기가 열릴 거라는 사실만 잊지 않는다면, 분명 바라던 그때가 찾아올 것입니다.

"역사에는 영원한 동맹도 영원한 적도 없다."

나제 동맹

5세기 고구려 장수왕의 남진 정책에 대항해 신라의 눌지왕과 백제의 비유왕이 체결한 군사 동맹. 이 동맹에도 불구하고 고구려는 남진 정책을 이어나갔고, 475년에는 백제의 수도인 한성을 함락하기에 이른다. 이후 신라의 소지왕과 백제의 동성왕이 혼인 관계를 맺어 두 나라의 동맹을 더욱 강화해나갔으며, 551년에는 백제의 성왕과 신라의 진흥왕이 연합해 고구려를 공격, 한강 유역을 빼앗았다. 하지만 신라 진흥왕의 배신으로 120여 년 동안 지속된 나제 동맹이 깨지고 신라와 백제가 대립하게 되었다.

고구려의 돌무지무덤인 장군총을 장수왕의 무덤으로 추정하기도 한다.

진흥왕 534~576

신라 제24대 왕. 한강 유역을 차지하며 통일의 기틀을 마련했다. 고령의 대가야를 병합하고 동해안을 따라 함흥평야까지 진출하는 등 영토를 크게 확장했다. 이 업적을 널리 알리기 위해 세운 것이 단양 신라 적성비와 네 개의 순수비다. 뿐만 아니라 화랑도를 국가적 조직으로 재편해 인재를 양성했고, 거칠부에게 역사서인 《국사》를 편찬하게 했다.

성왕 ?~554

백제 제26대 왕. 무령왕의 아들로 백제의 중흥을 위해 노력했다. 교통이 편리하고 넓은 평야가 있는 사비로 수도를 옮기고, 부여를 계승한다는 뜻으로 국호를 남부여로 바꾸었다. 중앙과 지방의 통치 조직을 재편해 내부 체제를 정비하는 한편 중국, 일본과도 활발히 교류했다. 체제 정비 이후 신라 진흥왕과 손잡고 고구려를 공격해 한강 하류 지역을 되찾았으나 진흥왕의 배신으로 한강 유역을 다시 빼앗겼다. 이후 신라를 공격했으나 관산성 전투에서 전사했다.

一
生
一
問

열다섯 번째 질문

위기는 어떻게 기회가 되는가

×

조선의 마지막 불꽃

1800년

정조가 세상을 떠난 후

순조, 헌종, 철종으로 이어진

조선 왕조

왕의 외척인

안동 김씨와 풍양 조씨

두 가문은

60여 년 동안

한 손에는 정치,

한 손에는 군사를 쥐고

권력을 휘두른다.

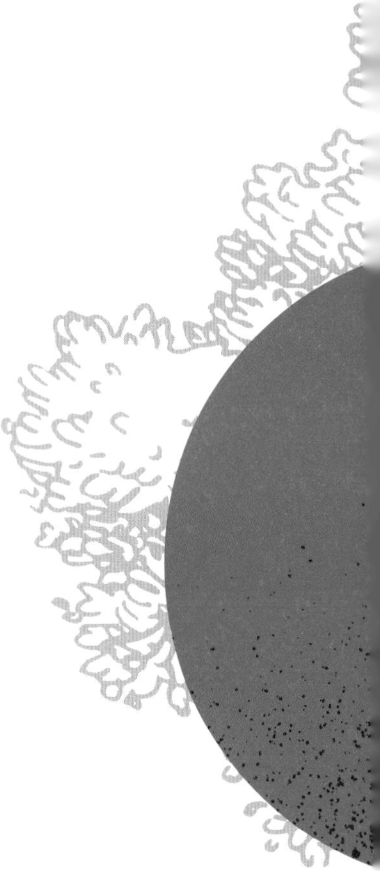

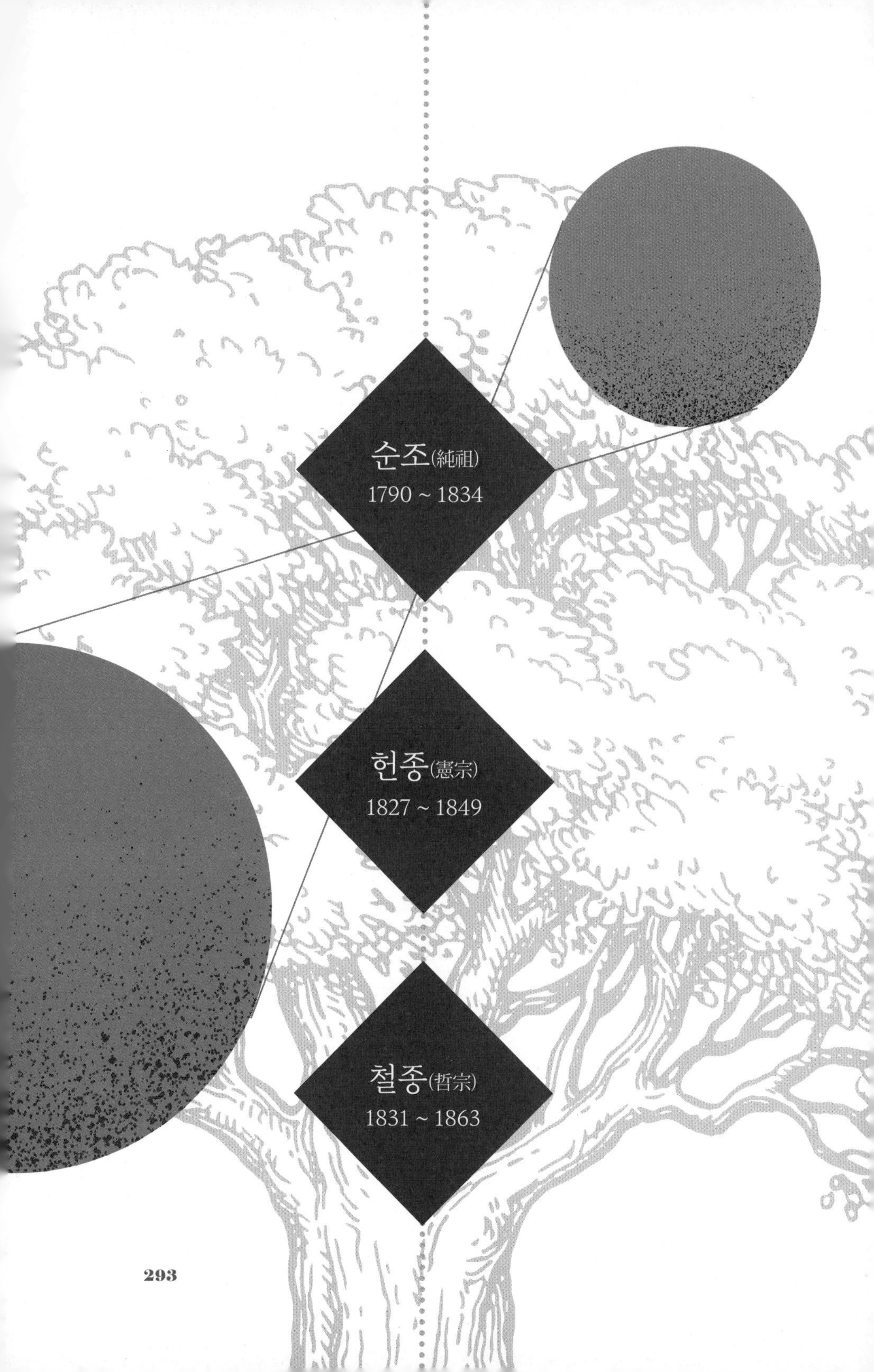
순조(純祖)
1790 ~ 1834
헌종(憲宗)
1827 ~ 1849
철종(哲宗)
1831 ~ 1863

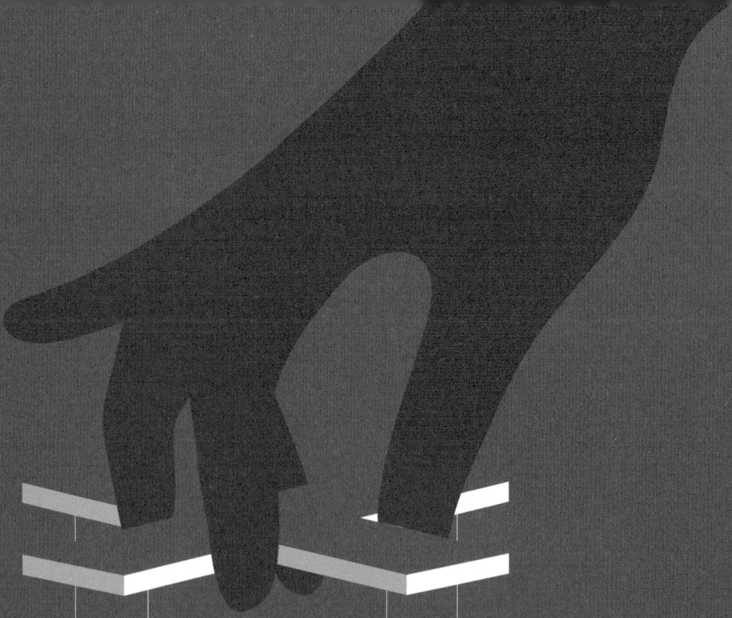

세도 정치[勢道政治]:

왕실의 근친이나 신하가 강력한 권세를 잡고
온갖 정사를 마음대로 하는 정치.

세도 정치의 대표적인 폐단

돈을 받고 관직을 파는

매관매직

조선의 이념인 성리학으로는

도저히 설명할 수도

유지할 수도 없는

썩을 대로 썩은 조선

수탈에 시달리던 백성의 분노로

민중 봉기가 들불처럼 일어나던 시절

그때 등장한 한 사람.

민생 안정을 위한

토지 조사 단행

소수 가문이 장악해온

비변사 폐지

백성의 돈을 수탈해온

서원 철폐

기득권의 반대를 무릅쓴

호포제 실시

그러나

엇갈리는

그에 대한 평가

당백전까지 발행하며

인플레이션을 야기한

경복궁 중건

신앙의 자유를 앗아간

천주교 탄압

사회적 혼란을 야기하고

근대화를 지연시킨

통상 수교 거부 정책

왕이 된 적은 없으나

왕보다 더 많은 일을 해낸 사람

그는
국수주의자인가?
개혁가인가?

흥선 대원군 이하응의 초상

"위기는 곧 기회다"라는 말, 많이 들어보셨을 겁니다. 주로 위기를 돌파하고자 노력하는 과정에서 더 큰 기회가 열린다는 뜻으로 쓰는데, 사실 가끔은 이 말이 원망스럽기도 합니다. 눈앞에 닥친 위기를 벗어나려고 갖은 애를 쓰는 것만으로도 진이 다 빠지는데, 위기 탈출에서 멈추지 말고 기회로 바꾸기까지 해야 한다니 너무하다 싶은 거죠.

하지만 이렇게도 생각해봅니다. 취업 실패든, 연인과의 이별이든, 불황이든, 인생에서 만나는 크고 작은 위기 모두를 곧이곧대로 '위기'로만 받아들이면 이를 극복할 엄두도, 용기도 잘 나지 않을 테니, 이걸 '기회'로 생각하는 발상의 전환을 통해 헤쳐 나갈 힘을 얻어보자는 의미라고요. 그러니까 "위기는 곧 기회다"라는 말은, "위기를 기필코 기회로 만들어내라"는 명령형 문장이 아니라 "위기지만 기회로 생각해보면 어때?"라는 권유형 문장이 아닐까 싶습니다. 그렇게 조금은 부담을 덜고 위기에 맞서다 보면, 그것이 실제로 기회가 되기도 할 테고요.

백문이 불여일견이라고, 여기 위기를 기회로 접근해 자신이 뜻한 바를 이루어낸 인물이 있습니다. “위기는 어떻게 기회가 되는가”라는 질문에 대한 답을 자신의 삶으로 증명한 주인공, “조선의 마지막 불꽃”이라 불린 흥선 대원군입니다.

흥선 대원군이 어린 고종을 대리해 섭정, 즉 나라를 다스린 19세기 조선은 너무도 어려운 상황이었습니다. 우선 정치적으로는 소수 가문이 모든 것을 좌지우지하는 세도 정치가 성행하면서 왕권이 땅으로 떨어졌지요. 이는 경제적 위기로 이어졌는데, 권력을 잡은 소수 가문이 자신들의 배를 불리는 과정에서 백성들의 삶은 나날이 궁핍해졌습니다. 무엇보다 관리들이 매관매직, 즉 관직을 사고팔면서 문제가 심각해졌지요. 돈을 주고 관직을 산 지방관들이 어떻게든 그 돈을 메우기 위해 백성들에게 이런저런 핑계를 대면서 세금을 엄청나게 뜯어갔기 때문입니다.

이렇듯 정치적, 경제적으로 나라가 문란하니 여기저기서 민란이 벌어졌고, 이런 상황이 계속되면서 조선은 거의 무너져가고 있었습니다. 왕조가 망해갈 때 공통으로 나타나는 모습이 있는데, 바로 지배 세력들의 횡포와 이에 따른 혼란입니다. 지배 세력이 나라를 제대로 다스릴 생각은 하지 않고 자신들의 이익을 챙기는 데만 급급하다 보면, 백성은 큰 고통에 허덕일 수밖에 없어 결국 분노가 팽배해집니다. 나라의 근본은 민, 즉 백성이니 민심을 잃은 왕조는 결국 무너질 수밖에 없지요. 조선 역시 그런 왕조들의 전형적인 길을 걸어가고 있었는데, 그때 나타나 “이 조선을 다시 일으켜 세우겠노라” 하고 강하게 선언한 인물이 바로 흥선 대원군입니다.

그는 나라의 명운이 걸린 절체절명의 위기를 오히려 '옛날로 돌아갈' 기회로 보았습니다. 다시 왕권이 강력한 왕조 시대로 돌아가고자 개혁의 칼을 꺼내들었죠. 개혁의 목표는 왕권 강화와 민생 안정이었습니다. 도탄에 빠진 민심을 다독이고 어려움에 처한 민생을 안정시키고자 한 것이죠. 대원군은 이 두 가지 목표를 향해 거침없이 나아갔습니다.

먼저 왕권 강화를 위해 소수 가문이 장악한 비변사를 폐지했습니다. 비변사는 원래 군사와 관련된 중요 업무를 의논하던 기구였는데, 임진왜란을 겪으며 군사 업무의 중요도가 높아지자 비변사의 역할이 커졌지요. 이후 세도 정치 시기를 거치며 소수 가문이 비변사의 요직을 독점했고, 그들은 자신들의 힘을 키우기 위해 행정, 군사 등 모든 권력을 비변사로 집중시켜 놓았습니다. 대원군은 이 권력을 분산시키지 않으면 왕권이 설 수 없다고 판단, '비변사 폐지'라는 말 그대로 철퇴를 내린 것입니다.

그의 개혁은 여기서 그치지 않았습니다. 법을 정비해 법전을 편찬하면서 기강을 잡고, 임진왜란 때 불타 폐허 상태로 남아 있던 경복궁 중건 사업을 벌이면서 왕실의 권위와 위엄도 보여주었죠.

이렇게 중앙에서 힘을 발휘하기 시작한 대원군의 칼날은 이제 지방으로 향하는데, 눈여겨볼 부분은 서원 철폐입니다. 당시 서원은 지역 양반들의 세력 기반으로 조선 후기 그 수가 크게 늘었습니다. 특히 나라에서 현판을 내린 사액 서원에는 토지와 노비, 서책 등이 지급되었고, 면세와 면역 등 각종 특권을 누렸기 때문에 국가 재정에 큰 부담이 되었어요. 게다가 선현들에게 제사를 지낸다는 명목으로 백성들을 수탈해 원성이 높았습니다.

대원군은 이들 서원을 없애야 할 사회악으로 보았습니다. 그래서 47개소만 남기고 다 철폐해버리죠. 그러나 조선은 성리학의 질서와 세계관으로 움직이는 나라이고, 서원은 성리학의 이념을 전파하는 교육기관인데 여기다 손을 대자 그야말로 난리가 났습니다. 전국의 유생들이 들고 일어나 집단으로 상소를 올리며 서원 철폐를 취소하지 않으면 죽음도 불사하겠다고 나섰죠. 하지만 흥선 대원군은 이에 굴하지 않고 단호하게 말합니다.

"진실로 백성에게 해되는 것이 있으면 공자가 다시 살아난다 하더라도 나는 공자의 뜻을 받들지 않겠다."

-《근세조선정감》 중

성리학의 나라에서 공자의 뜻을 받들지 않겠다는 것은 엄청난 선언이었습니다. 조정의 대신들뿐 아니라 전국의 수많은 유생을 적으로 돌리는 일이니, 자신의 정치 생명을 건 파격적인 발언이었죠. 대원군의 이렇듯 밀어붙이는 기세는 민생 안정을 위한 개혁에서도 거침없이 이어졌습니다. 당시 세금 제도, 정확히는 '삼정'의 문란으로 백성들이 많은 어려움을 겪고 있었는데, 이를 그냥 두고 보지 않은 것입니다. 삼정은 전정, 군정, 환곡으로 전정은 토지세, 군정은 군대에 가지 않는 대신 포를 내는 것, 환곡은 백성들에게 곡식을 빌려주는 제도였는데, 이 세 가지 제도에서 여러 가지 문제가 발생하면서 백성들은 가난에 허덕였습니다.

대원군은 먼저 전정과 관련해서는 토지 조사를 실시합니다. 당시 양반들은 토지를 많이 가지고 있으면서도 제대로 신고하지 않았죠. 한마디로 탈세를 한 건데, 이를 바로잡아 나라의 살림에 보태고자 한 것입니다. 또 군정과 관련해서는 '사람'이 아니라 '집'에 군포를 부과하는 호포제를 실시해 양반에게도 군포를 부과했고요. 마지막으로 환곡과 관련해서는 관리가 아닌 민간인이 구휼 사업을 하도록 하는 사창제를 실시했습니다. 환곡의 문제점은 백성들에게 봄에 곡식을 빌려주고 가을에 갚도록 하는 과정에서 관리들이 어마어마한 고리대, 폭리를 취해서 돈을 번다는 거였어요. 심지어 곡식을 빌릴 필요가 없는 사람에게도 환곡을 강요하고, 이자를 뜯어가는 관리도 있었습니다. 그래서 환곡 제도를 지역민들이 자치적으로 운영하게 한 것이죠. 즉, '세금 신고 투명하게 해', '양반들도 이제 특혜는 없어, 포 내', '관리들은 환곡에 개입하지 마. 백성들이 알아서 할 거야'라면서 민생 안정에 힘쓴 겁니다.

기울고 있는 조선호를 다시 일으켜 세우려 했던 흥선 대원군. 나라의 위기를 찬란한 과거로 돌아가게 만들 기회로 본 그는 열심히 변화시키고자 했고, 개혁하려 했습니다. 그리고 실제로 엄청난 성과들을 거두었습니다. 물론 경복궁 중건 당시 돈이 모자라자 당백전이라는 고액 화폐를 발행해 인플레이션 현상이 벌어지는 등 여러 문제를 야기하기도 했습니다. 하지만 부정부패와의 전쟁을 선포한 대원군의 개혁은 대단했다고 말할 수 있습니다. 만약 그가 위기 앞에서 주저앉아 망연자실했다면 조선호는 정말로 침몰했을지도 모릅니다. 오직 위기에 맞서는 사람만이 위기를 기회로 바꿀 수 있다는 당연하면서도 행하기 어려운 진리, 그의 개혁을 통해 그것을 다시 확인하게 됩니다.

그런데 여기서 생각해볼 문제가 하나 있습니다.

평생 성실하게 노를 저은 한 남자가 있다고 가정해보죠. 나이가 들어 더는 일할 수 없게 되자 배에서 내린 남자, 그는 나름대로 열심히 살았다고 자부하면서 자신이 한평생을 바친 배를 바라봅니다. 그런데 그 배는 놀랍게도 해적선이었습니다. 성실하고 책임감 강했던 그의 평생의 노력이 약탈에 일조했던 겁니다. 이 남자를 어떻게 평가해야 할까요?

흥선 대원군은 분명 위기에 놓인 나라를 개혁하고자 열심히 노력했습니다. 그가 정권을 잡았던 시기의 일정 부분은 성공했다고 평가할 수도 있죠. 문제는 개혁의 방향이었습니다. 세도 정치가 시작되기 전 조선에서는 변화의 움직임이 조금씩 감지되고 있었습니다. 하지만 흥선 대원군은 시대의 흐름을 읽지 못하고 노력의 목표를 조선 왕조의 명맥 유지와 전제 왕권 강화에 두었다는 한계를 보였습니다.

흥선 대원군이 추진한 대외 정책 역시 그 한계를 여실히 드러냅니다. 그는 외국과의 수교를 철저하게 금지하는 통상 수교 거부 정책을 실시했습니다. 이 과정에서 프랑스 선교사들과 천주교도들을 처형하는 병인박해를 벌였고, 이로 인해 병인양요가 일어나 많은 사람이 목숨을 잃었죠. 또 미국이 통상 조약 체결 등을 요구하면서 강화도를 침략하는 신미양요를 겪는 등 조선은 서구 열강의 무력에 큰 피해를 입었습니다. 두 차례의 전쟁을 겪은 흥선 대원군의 선택은 더 강력한 통상 수교 거부 정책 추진이었습니다. 이를 대외적으로 알리기 위해 "서양 세력과 화친하는 것은 나라를 팔아먹는 일"이라는 내용의 척화비를 전국 곳곳에 세웁니다. 흥선 대원군의 통상 수교 거부 정책은 서양의 침략을 일시적으로 막아내긴 했으나, 조선이 근대화에 뒤처지는 결과를 낳고 맙니다.

발전을 위해서는 역사의 수레바퀴가 흘러가는 방향을 따라가야 합니다. 그 수레바퀴를 거꾸로 돌리려는 시도는 아무리 최선을 다해도 결국 실패하기 마련이고, 제대로 된 평가도 받을 수 없습니다. 대원군의 사례는 열심히 사는 것도 중요하지만, 처음에 방향 설정을 잘해야 한다는 사실을 알려줍니다. 진정한 위기 극복은 올바른 방향 설정을 통해서만 가능하다는 점을 꼭 기억해야겠습니다.

애국과 쇄국 사이

흥선 대원군 1821~1898

본명은 이하응. 영조의 증손 남연군의 아들로 1843년에 흥선군으로 봉해졌다. 헌종이 후사 없이 승하하고 그 뒤를 이은 철종마저 후사가 없자, 왕위에 오를 가능성이 있는 왕실 종친들은 세도 가문인 안동 김씨의 끊임없는 견제를 받아야 했다. 이에 흥선 대원군은 당시 후계 결정권을 가지고 있던 대비 신정 왕후 조씨와 은밀하게 손을 잡고 철종 사후 자신의 아들(고종)을 왕위에 올린다. 고종이 즉위하며 대원군에 봉해졌으며, 어린 아들을 대신해 국정을 장악했다. 세도 정치로 어지러운 나라의 기강을 바로잡고 민생 안정을 위한 개혁을 추진했지만, 전제 왕권 강화를 위한 개혁이었다는 평가가 뒤따른다. 호포제 실시와 서원 철폐 등의 정책은 양반 유생들의 엄청난 반발을 일으켜 후에 자리에서 물러나는 계기가 되기도 했다.

통상 수교 거부 정책

산업혁명 이후 자본주의가 성장한 서구 열강은 상품 판매 시장과 원료 공급지 확대 등의 목적으로 식민지 경쟁에 뛰어들었고, 동아시아 지역 역시 그들의 침략 대상이 되었다. 18세기 조선 주변으로 이양선이 출몰했고, 19세기에는 서구 열강의 통상 요구를 받았다. 처음에는 흥선 대원군도 러시아의 위협을 막기 위해 프랑스 선교사를 통해 프랑스와 연합하고자 했다. 하지만 양반 유생들의 저항으로 실패한 뒤 서양 세력에 강경한 태도를 취했다. 이후 병인양요와 신미양요, 독일 상인 오페르트가 벌인 대원군의 아버지 남연군의 묘 도굴 미수 사건 등이 발생했고, 흥선 대원군은 통상 수교 거부 정책을 강화하며 이를 널리 알리기 위해 전국에 척화비를 건립했다.

4부

어떤 흔적을 남길 것인가

"인생의 책이 보통의 책과 다른 점은
고쳐 쓸 수 없다는 것이다.
책은 잘못 쓰면 지우고 다시 쓸 수 있다.
그러나 인생은 다시 쓸 수 없다.
또한 남이 대신 써줄 수 없는 것이다."

- 마테를링크

一生一問

열여섯 번째 질문

잘 산다는 것은 무엇인가

죽지도 못한 자들

대한 제국의 대신

민영환

그가 삶의 의지 대신

2,000만 동포에게 이별을 고한 이유

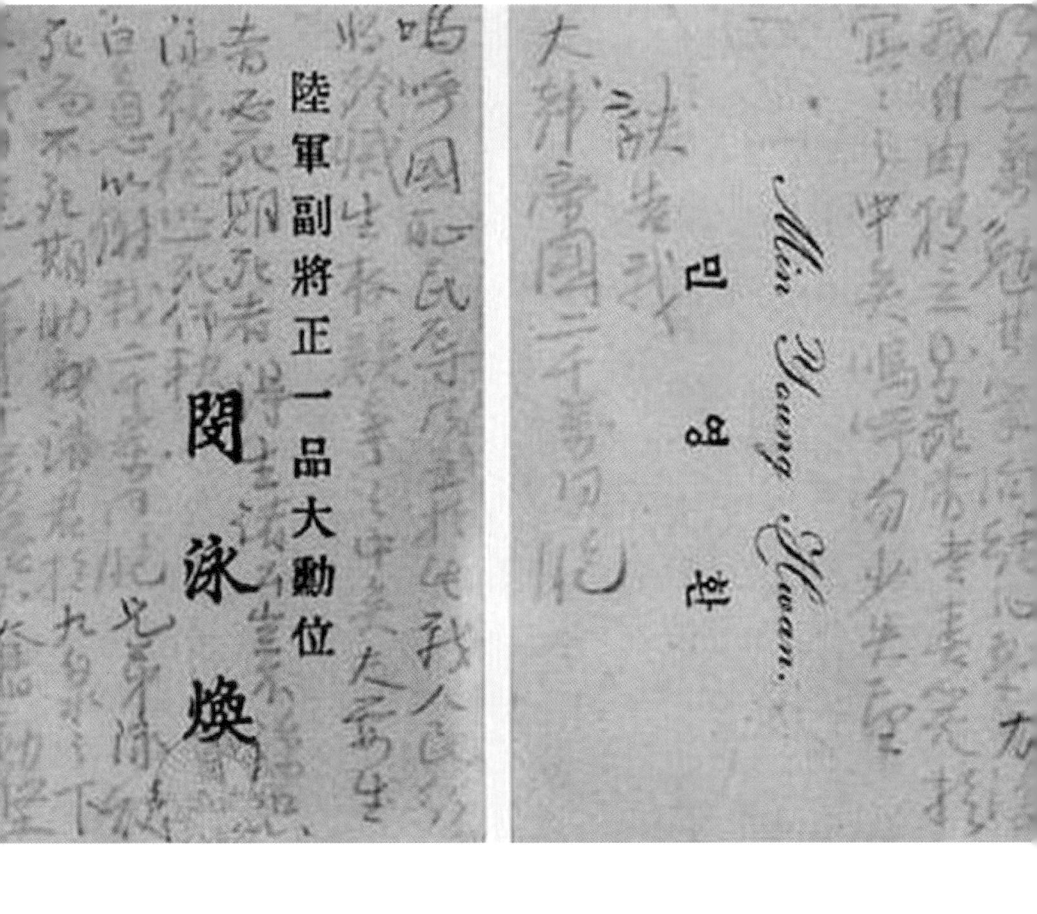
陸軍副將正一品大勳位
閔泳煥
Min Young Hwan.
민영환

나라의 외교권을 강탈당한

비분강개해 마땅한

1905년 11월 17일의 을사늑약

조약에 찬성한 매국 대신들을 처단하고

조약 파기를 종용한 그의 상소는

일제의 감시와 위협에 숨죽인 황제에게

묵살당한다.

이제 그에게 남은

마지막 선택

“

오호라,

나라의 수치와 백성의 욕됨이

여기까지 이르렀으니,

우리 인민은 장차 생존 경쟁 가운데에서

모두 진멸당하려 하는도다.

대저 살기를 바라는 자는

반드시 죽고

죽기를 각오하는 자는

삶을 얻나나니

여러분이 어찌 헤아리지 못하겠는가?

영환은 다만 한 번 죽음으로써
우러러 황은에 보답하고
우리 2,000만 동포 형제에게
사죄하고자 하노라.

영환은 죽되 죽지 아니하고,
구천에서도 기필코
여러분을 돕기를 기약하니,

바라건대 우리 동포 형제들은
천만 배 더욱 분발하고 기운을 내어
뜻과 기개를 굳건히 하며
학문에 힘쓰고 마음으로 단결하고 힘을 합쳐서
우리의 자유 독립을 회복한다면
죽은 자는 마땅히 저 어두운 저승에서나마
기뻐 웃으리로다.

오호라, 조금도 실망하지 말지어다.
우리 대한 제국 2,000만 동포에게
이별을 고하노라.

”

<대한매일신보>, 1905년 12월 1일

수민원 총재 민영환. 1904년 촬영된 것으로 추청된다.

누군가는 나라를 팔아
자신들의 잇속을 챙기던 그때

자신의 목숨을 끊어
국민을 깨치고 독립의 초석을 놓은
한 충신의 노력

그로 인해 촉발한
국권 회복을 위한 의병 운동과
애국 계몽 운동

그리고 마침내 1945년,
그의 조국은 광복을 맞이했다.

8월 15일이 광복절이라는 걸 모르는 사람은 아마 없을 겁니다. 여기서 광복은 '빛을 되찾다'라는 뜻입니다. 1945년 그날은 암흑과도 같았던 일제의 식민 지배에서 벗어나 빼앗긴 주권을 다시 찾은 날이죠. 그런데 우리가 나라를 되찾아야만 하게 만든 날, 그러니까 나라를 빼앗긴 날은 모르는 경우가 많습니다. 좋은 것, 기억하고 싶은 것, 기쁜 것, 이런 것만 기록해놓은 게 역사가 아닙니다. 아픈 것, 상처 입은 것, 잊고 싶은 것, 지우고 싶은 것도 기억하는 게 역사이기 때문에 우리가 나라를 잃어버린 날도 기억해야 합니다.

1910년 8월 29일, 이날은 일제가 강제로 우리나라의 통치권을 빼앗고 식민지로 삼은 경술국치일, 즉 국권 피탈의 날입니다. 경술국치라는 단어가 생소할 수 있는데, '경술'은 1910년이 경술년이라서, '국치'는 '국가적 치욕'을 당했다는 뜻에서 '경술국치'라는 이름이 붙었습니다. 국권 피탈이 발생하는 데 결정적인 역할을 한 것은 바로 을사늑약입니다. 러일 전쟁에서 승리한 일본은 열강으로부터 한국 지배를 인정받고 한국의 보호국화 작업에 착수합니다. 그리고 1905년, 을사늑약을 강제로 체결하죠. 이 을사늑약으로 우리나라는 외교권이 박탈되고 일본이 파견한 통감으로부터 내정을 간섭받게 됩니다. 사실 이때 우리나라의 주권을 거의 다 빼앗겼다고 해도 과언이 아닙니다. 그런데 을사늑약 때 이토 히로부미를 도와 체결을 거부하는 고종 황제 대신 조약에 서명한 사람들이 있습니다. 나라의 외교권을 팔아먹는 데 앞장선 5명의 적, 바로 을사오적이죠.

하지만 을사오적이 누구누구냐고 물으면 대부분이 이완용 이외의 나머지 4명의 이름은 잘 모릅니다. 그런데 기억해야 합니다. 이 사람들의 이름을 기억한다는 것은 우리가 치욕의 역사를 잊지 않는다는 것이고, 추후에 이런 잘못을 되풀이하지 않겠다는 다짐이기 때문입니다. 한 명씩 살펴보겠습니다.

이완용 학부대신이었던 그는 고종을 협박해 을사늑약 체결을 주도했고, 이후 고종 강제 폐위와 한국병합조약 체결에 앞장섰다.

박제순 외무대신이었던 그는 총리대신 서리로서 조선의 경찰권을 일본에 양도하고, 국권 피탈 이후 자작 작위를 수여받았다.

이지용 전주 이씨 왕족으로 내부대신에 오른 그는 을사늑약 체결을 위해 힘쓰고, 국권 피탈 이후 백작 작위를 수여받았다.

권중현 농상공부대신이었던 그는 을사늑약 체결 후 의병 진압에 앞장섰고, 이후 민족의식 말살을 목적으로 일본이 만든 조선사편수회 고문으로 임명되었다.

이근택 군부대신이었던 그는 국권 피탈 이후 자작 작위를 수여받았고, 조선총독부의 자문기관이었던 중추원 고문으로 임명되었다.

이들 모두 집안도 좋고 머리도 좋은 사람들로, 중요한 나랏일을 맡은 덕에 부와 명예까지 누렸습니다. 그런데도 자신들의 배를 더욱 불리기 위해 나라를 팔아먹었고, 그 결과 이들은 더욱 잘살게 되었죠. 일본으로부터 엄청난 보상을 받아 아주 떵떵거리며 살았습니다. 한마디로 매국을 저지르기 전에도, 그 후에도 이들은 아주 잘살았습니다. 이들 을사오적을 설명할 때마다 저는 한 가지 질문을 떠올리게 됩니다.

'잘 산다는 것은 무엇인가.'

혹시 '잘살다'와 '잘 살다'의 차이를 아시나요? 같은 뜻이라고 생각하시는 분이 많을 텐데, 사전에 따르면 '잘살다'는 "부유하게 살다"라는 의미이고, '잘 살다'는 경우에 따라 뜻이 달라집니다. "가정을 이루어 행복하게 잘 살다"일 수도 있고, "좋은 삶을 잘 살았다"일 수도 있죠. 을사오적은 부유하게 잘살긴 했지만, 좋은 삶을 행복하게 잘 산 인물들은 아닌 것이죠. 물론 부를 쌓고 잘사는 것도 중요합니다. 자본주의 사회에서 돈의 가치와 의미를 깎아내릴 생각은 전혀 없습니다. 하지만 단지 돈이 많은 것만으로는 '잘 살' 수 없다는 사실을 우리 모두 알고 있고, 또 을사오적이 보여줍니다. 저는 수업 시간에 을사오적에 대한 내용이 나오면 이런 이야기를 많이 했습니다.

"얘들아, 이 다섯 명이 우리나라를 팔아먹는 데 앞장섰다. 내가 한 명씩 이름을 부를 때마다 마음껏 욕해봐라."

이 말을 들은 학생들은 처음엔 웅성웅성합니다. 하지만 나중엔 "도그 베이비" 같은 단어들이 하나씩 튀어나오고, 마지막엔 아주 걸쭉한 욕이 쏟아집니다. 그럼 저는 또 학생들에게 말합니다.

"너희들이 이렇게 험한 욕을 한 이 순간을 반드시 기억해라. 너희들이 나중에 사회에 나가면 중요한 결정을 내려야 할 때, 책임질 선택을 해야 할 때가 올 거다. 그때 이 순간을 떠올리기 바란다. 너희들이 욕한 을사오적은 세상을 떠난 지 오래야. 하지만 죽어서도 역사 시간마다 불려 나와 이렇게 욕을 먹지 않니? 이들에게 역사의 단죄를 내린 너희들의 모습을 잊지 마라. 그럼 나의 이익을 위해 다수를 희생시키는 이기적인 결정이나 훗날 자기 이름을 더럽힐 잘못된 선택은 하지 않을 수 있을 거야. 오늘의 시간은 그런 의미가 되어야 한다."

이제 세상에 없는데도 역사 시간만 되면 강제로 소환돼 이름이 불리고 욕을 먹는다는 것, 죽어서도 죽지 못하는 삶, 생각만 해도 너무 끔찍한 일이 아닐 수 없습니다. 살아 있지 않으니 자신이 욕먹는지도 모르는 것 아니냐고요? 을사오적은 당시에도 국민의 공분을 사며 울분과 비판의 대상이 되었습니다. 이들을 처단하기 위한 을사오적 암살단이 조직될 정도였죠.

당시 대신이었던 민영환은 을사오적의 처형과 을사늑약 파기를 요구하는 상소를 올렸으나 뜻을 이루지 못하자 2,000만 동포에게 유서를 남기고 자결했습니다. 언론인 장지연은 〈황성신문〉에 '시일야방성대곡'이라는 제목의 사설을 실어 을사오적을 매우 준엄하게 비판했죠. '시일야방성대곡'은 '오늘 목 놓아 통곡하노라'라는 뜻인데, 저는 처음 이 사설을 읽었을 때 눈시울이 뜨거워졌습니다. '나라가 외교권을 잃어버린 그 순간에 내가 살고 있다면, 그때 이 사설을 읽었으면 어떤 느낌이었을까'를 생각하니 절로 눈물이 흘렀지요.

노예가 될 수밖에 없는 우리 동포들을 향해 울부짖으며 을사오적을 개, 돼지만도 못한 인간들이라고 비판한 장지연. 그런데 장지연은 훗날 "드높도다 그 기기여! 귀하도다 그 마음씨여!"라며 한 사람을 치켜세웠습니다. 그 사람은 바로 〈대한매일신보〉를 발행한 영국인 어니스트 베델(한국명 배설)입니다. 앞서 이야기한 장지연의 말은 그의 묘비 뒷면에 추모사로 남아 있습니다. 베델은 대한 제국이 일본에 의해 휘청이던 시기에 〈대한매일신보〉를 통해 일제 침략의 부당함을 알렸습니다. 〈대한매일신보〉는 항일의병의 활동을 보도하고 비밀결사 신민회 본부, 국채 보상 운동 의연금 총합소 역할을 했으며, 〈황성신문〉에 실린 장지연의 '시일야방성대곡'을 영문 호외로 보도하기도 했습니다. 그 원문이 바로 이겁니다.

“

소위 우리 정부의 대신이라는 자들이
출세와 부귀를 바라고
거짓 위협에 겁을 먹어 뒤로 물러나 벌벌 떨며
매국의 역적이 되기를 달게 받아들였다.
4,000년 강토와 500년 종사를 남에게 바치고
2,000만 국민을 남의 노예로 만드니
…
아! 원통하고, 아! 분하도다.
우리 2,000만 남의 노예가 된 동포여!
살았는가, 죽었는가!
단군, 기자 이래 4,000년 국민 정신이
하룻밤 사이에 갑자기 멸망하고 말 것인가.
원통하고 원통하다.
동포여, 동포여!

”

- 장지연, ‘시일야방성대곡’ 중에서

베델이 세상을 떠나자 그의 장례 때 우리 국민들이 줄지어 추모를 했습니다. 비록 외국인이었지만 누구보다 우리나라를 위해 힘쓴 그였으니 당연한 일이었죠. 베델은 마포구 양화진외국인선교사묘원에 안장되었는데, 베델의 묘 옆에는 헐버트의 묘도 있습니다. 헐버트는 1886년 최초의 근대식 공립교육기관 육영공원에서 외국어를 가르쳤으며, 을사늑약 후 고종의 밀서를 휴대하고 자신의 조국 미국으로 가 국무장관과 대통령을 면담하려다 실패했습니다. 하지만 포기하지 않고 고종에게 헤이그 특사 파견을 건의하는 등 우리나라의 국권 회복 운동에 힘썼죠.

우리나라 사람, 그것도 시대를 대표하는 엘리트이자 나라를 다스리던 대신들이 팔아먹은 그 나라의 독립을 위해 타국의 이방인들이 헌신했다는 사실은 참으로 감사하면서도 부끄러운 일입니다.

우리는 누구나 잘살고, 또 잘 살기를 원할 겁니다. 이를 위한 선택의 순간이 찾아올 때마다 지금의 이 감정을 기억한다면, 현명하게 잘 사는 길을 택하게 될 거라 믿습니다. 당시에는 엄청난 부귀영화를 누렸지만 지금은 역사의 죄인으로 남아 있는 을사오적을 잊지 않는다면, 나의 이름을 더럽힐 결정은 내리지 않을 거라 믿습니다.

부를수록 부끄러운 이름, 부를수록 고마운 이름

을사늑약

1904년 러일 전쟁에서 승기를 잡은 일본은 대한 제국에 재무는 일본인에게, 외교는 미국인에게 모두 맡기는 내용의 제1차 한일 협약 체결을 강요했다. 이후 일본은 대한 제국의 주권을 빼앗기 위해 제2차 한일 협약을 체결한다. 1905년에 체결된 이 협약을 억지로 맺은 조약이라 하여 을사늑약이라고 한다. 일본은 을사늑약으로 대한 제국의 외교권을 박탈하고 이듬해 통감부를 설치했으며, 초대 통감으로 이토 히로부미를 파견했다.

을사늑약이 체결되자 장지연은 〈황성신문〉에 '시일야방성대곡'이라는 논설을 게재하고, 민영환은 자결로서 을사늑약의 부당함을 알렸다. 고종은 을사늑약의 불법성을 국제 사회에 알리기 위해 네덜란드 헤이그에서 열리는 만국평화회의에 이상설, 이준, 이위종을 파견했다. 나철, 오기호가 중심이 되어 을사오적 처단을 위해 자신회를 결성했으며, 안중근은 초대 통감이자 을사늑약 체결에 앞장선 이토 히로부미를 사살했다.

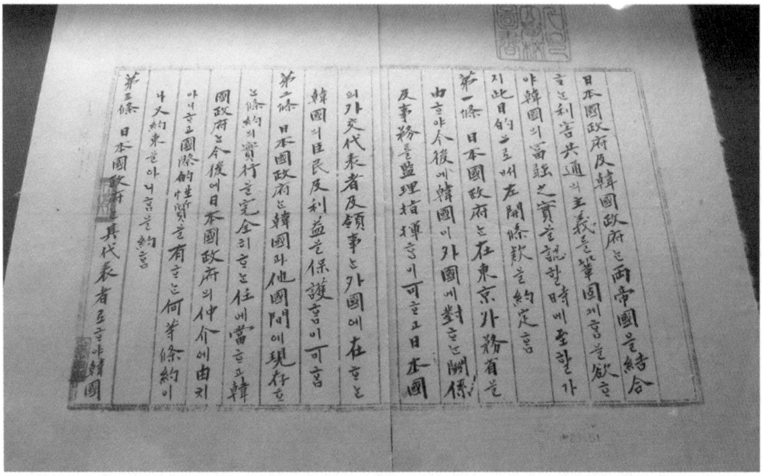
日本國政府及韓國政府는兩帝國을結合
하는利害共通의主義를鞏固케함을欲하
야韓國의富强之實을認할時에至할가
지此目的으로써左開條款을約定함
第一條 日本國政府는在東京外務省을
由하야今後에韓國이外國에對하는關係
及事務를監理指揮함이可하고日本國
의外交代表者及領事는外國에在하는
韓國의臣民及利益을保護함이可함
第二條 日本國政府는韓國과他國間에現存하
는條約의實行을完全히하는任에當하고韓
國政府는今後에日本國政府의仲介에由치
아니하고國際的性質을有하는何等條約이
나又約束을아니함을約함
第三條 日本國政府는其代表者로하야韓國

중명전에 전시된 을사늑약 문서

호머 헐버트 1863~1949

미국 버몬트 출생. 1886년 소학교 교사 요원으로 초빙돼 육영공원에서 외국어를 가르쳤다. 육영공원에 재직하며 한글로 세계지리 교과서인 《사민필지》를 저술했다. 일제의 압박을 보며 조선의 정치나 외교 문제에 관심을 기울였고, 그 과정에서 고종의 외교 보좌관 역할을 맡는다. 1905년 을사늑약의 부당함을 알리기 위해 고종의 밀서를 가지고 미 국무장관과 대통령을 만나려다 실패했다. 영문 잡지인 〈한국평론The Korea Review〉을 창간해 일본의 한국 침략을 폭로하고, 고종에게 헤이그 특사 파견을 건의하는 한편 본인 역시 헤이그로 가 〈회의시보Courier de la Conferénce〉에 우리 특사의 호소문을 싣게 하는 등 한국의 국권 회복을 위해 노력했다. 일제의 탄압에 못 이겨 미국으로 돌아간 뒤에도 여러 저술을 통해 독립운동을 지원했다. 독립 후인 1949년에 다시 우리나라를 찾았으며, 한국에서 눈을 감아 양화진외국인선교사묘원에 안장됐다. 1950년 외국인 최초로 건국훈장 독립장이 추서되었다.

어니스트 베델 1872~1909

영국 브리스톨 출생. 열여섯 살부터 일본 고베에서 무역업을 하다 1904년 〈데일리 메일〉의 특파원 자격으로 우리나라에 왔다. 러일 전쟁을 취재하러 왔지만 일본의 만행을 보고 양기탁과 함께 〈대한매일신보〉를 창간했다. 베델은 〈대한매일신보〉를 통해 을사늑약의 무효를 주장하고 런던 신문사에 고종의 친서를 싣는 등 나라 안팎에서 일본의 침략 행위를 폭로하며 항일 언론 활동을 벌였다. 뿐만 아니라 호머 헐버트와 함께 일본인에 의한 개성 경천사지 10층 석탑의 무단 반출을 비판하는 언론 기고문을 통해 국제 사회의 관심을 이끌어내 석탑 반환에 기여했다. "나는 죽을지라도 신보는 영생케 하여 한국 동포를 구하라"라는 유언을 남겼다. 서울 양화진외국인선교사묘원에 안장됐으며, 한국의 독립과 언론 자유를 위해 싸운 공적을 인정받아 대한민국 건국훈장 대통령장이 추서되었다.

ENGLISH JOURNALIST IN KOREA PROTECTS A NATIVE EDITOR.

Mr. E. T. Bethell, English editor of the *Korea Daily News*, was recently released from gaol at Seoul, after three weeks' imprisonment, for stirring up sedition. The native editor of the same journal escaped his captors, and took shelter under the British flag in Mr. Bethell's house. Above are Mr. Bethell and the native editor.

1908년 8월 영국 신문 〈데일리 미러〉에 실린 〈대한매일신보〉의 발행인
어니스트 베델(좌)과 양기탁(우)

一
生
一
問

열일곱 번째 질문

부의 비밀은 무엇인가

×

거상의 소원

"여성 군주는
나라를 잘 다스릴 수 없다!"

선덕여왕이 왕위를 물려주고자 했던
단 한 사람

여성인 자신을 반대하는
귀족들의 거센 저항과 편견에 맞서
나당 연합을 이뤄내고
다양한 정치 개혁을 추진한
신라의 제28대 왕

진덕여왕

국경을 넘어 중국과 일본에서
문집이 간행될 만큼
글솜씨가 뛰어났던
문인이자 화가

하지만 생전에는
시어머니와 남편의 구박을 이기지 못하고
스물일곱 꽃다운 나이에 세상을 떠난
비운의 창작가

허난설헌

김만덕 표준영정, 윤여환 作.
정조를 알현한 50대 후반 당시의 모습이다.

뿌리 깊은 가부장적 질서가
삶을 옥죄었던 이 땅에서
자신의 뜻과 꿈을 펼친 여성들

그중 잘 알려지지 않은 한 사람

'거상' 김만덕

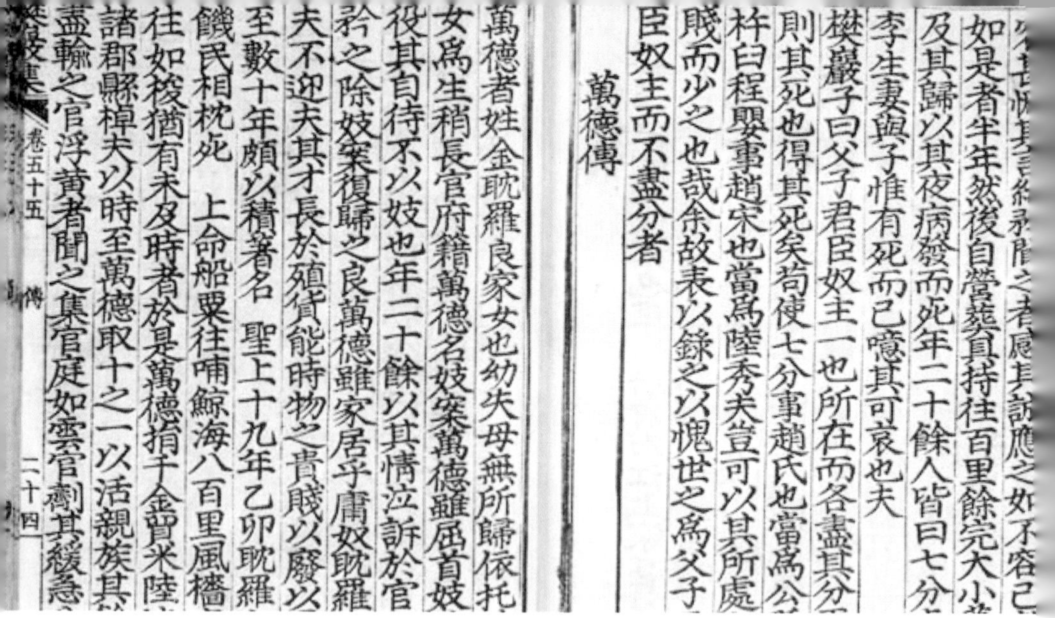

…其言編錄…之者屢其說應之如不容己
如是者半年然後自營葬具持往百里餘完大小
及其歸以其夜病發而死年二十餘人皆曰七分
李生妻與子惟有死而已噫其可哀也夫
樊巖子曰父子君臣奴主一也所在而各盡其分
則其死也得其死矣苟使七分事趙氏也當爲公
杵臼程嬰事趙宋也當爲陸秀夫豈可以其所處
賤而少之也哉余故表以錄之以愧世之爲父子
臣奴主而不盡分者

萬德傳

萬德者姓金耽羅良家女也幼失母無所歸依托
女爲生稍長官府籍萬德名妓案萬德雖屈首妓
役其自待不以妓也年二十餘以其情泣訴於官
矜之除妓案復歸之良萬德雖家居乎庸奴耽羅
夫不迎夫其才長於殖貨能時物之貴賤以廢以
至數十年頗以積著名 聖上十九年乙卯耽羅
饑民相枕死 上命船粟往哺鯨海八百里風檣
往如梭猶有未及時者於是萬德捐千金貿米陸
諸郡縣棹夫以時至萬德取十之一以活親族其
盡輸之官浮黃者聞之集官庭如雲官劑其緩急

樊巖集 卷五十五 傳 二十四

조선 후기 채제공의《번암집》에 실린〈만덕전〉.
의롭게 재물을 쓸 줄 아는 김만덕의 선행을 널리 알려 만인의 귀감으로 삼고자 지은 글이다.

최고의 국정 기록인

《조선왕조실록》에 쓰인

부녀자의 이름

정조는 초계문신들을 대상으로

<만덕전>을 짓는 시험을 치르기도 했다.

정약용, 채제공 등

당시를 대표하는 사람들이 말하는

그의 기개와 업적

"만덕의 이름이 서울 안에 가득하여

공경대부와 선비들 모두

만덕의 얼굴 한번 보기를 원하지 않는 자 없었다."

- 채제공, 《번암집》

"만덕에게는 세 가지 기특함과

네 가지 희귀함이 있다고 말하고 싶다."

- 정약용, 《여유당전서》

"이 세상에 태어나고 이 세상을 떠나는 동안

넉넉하게 멋쟁이로 살다 간 사람으로

귀하다 할 만한 사람이다."

- 박제가, 《정유각집》

그저 남성에게

종속된 존재로 취급받던 여성에서

지체 높은 양반들의 유명인사이자

실록에 이름을 남긴 여성이 되기까지

제주의 기생에서

위대한 사업가로 성공한

김만덕의 비밀은 무엇일까?

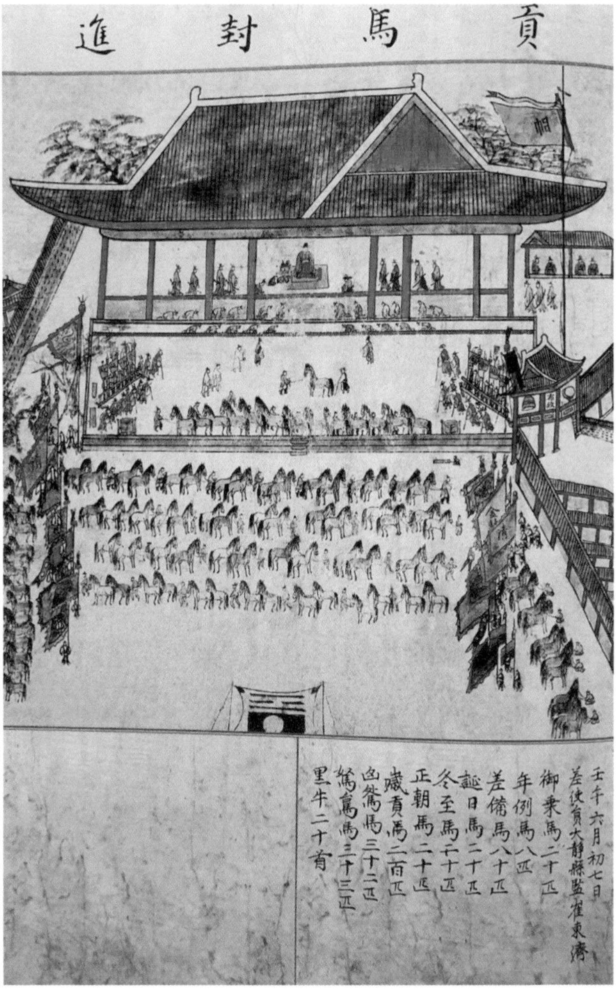

탐라순력도(보물 제652-5호).
말을 진상하기 위한 '공마봉진'을 그렸다.

비트코인, 주식 등 재테크를 향한 관심이 그 어느 때보다 뜨거운 요즘입니다. 열풍을 넘어 광풍이라고 할 수 있을 정도죠. 어떻게 하면 주식으로 돈을 벌 수 있는지, 유망한 종목은 무엇인지뿐 아니라, 아무도 알려주지 않는 부의 비밀이나 막대한 부를 쌓은 사람들의 공통점 같은 것들을 알려준다는 각종 책과 영상, 자료 등도 많습니다.

'부의 비밀은 무엇인가.'

이는 참 많은 사람이 답을 알고 싶어 하는 질문일 것입니다. 오늘날뿐 아니라 과거에도 마찬가지였지요. 여기 부의 비밀을 알아내고자 오랫동안 노력하고, 마침내 거대한 부를 쌓은 역사적 인물이 있습니다. 바로 거상 김만덕입니다. 그는《조선왕조실록》에도 그 이름을 올릴 만큼 당대의 거상으로 유명했습니다. 남녀 차별이 극심했던 조선 시대에 성별의 벽을 뛰어넘을 만큼 재력을 쌓은 사람이니, 아마도 부의 비밀을 이야기하는 데 부족함이 없을 것입니다.

물론 사람들의 관심이 돈으로만 쏠리는 현상은 그다지 긍정적이지 않습니다. 특히 더 나은 내일을 꿈꾸며 앞으로 나아가야 할 이 땅의 청춘들이 재테크에 열을 올리느라 꿈을 제쳐두는 모습을 보면, 안타까움을 금할 수 없습니다. 하지만 이런 시기일수록 우리는 더 알아야 합니다. 김만덕이 어떻게 부를 쌓았는지, 또 그 돈을 어떻게 썼는지를 통해 진정한 부의 가치와 의미에 대해 생각해볼 수 있기 때문입니다.

김만덕은 1739년 제주 양인 집안에서 태어났습니다. 아마 어릴 때 김만덕은 자신도 평범한 여염집 아녀자의 삶을 살아갈 것이라고 생각했을 겁니다. 하지만 그의 인생은 평범하게 흘러가지 못했습니다. 열두 살 때 부모님이 돌아가시고 형제들과도 헤어지게 된 김만덕은 생계를 위해 기방에 얹혀살다가 결국 기생이 됩니다.

어린 김만덕 앞에는 여성이라는 태생적 한계, 가난이라는 경제적 한계, 기생이라는 신분적 한계, 그리고 지역적 한계가 자리하고 있었습니다. 김만덕이 살았던 조선 후기는 여성의 사회 진출은 꿈도 꿀 수 없던 시기였고, 더욱이 제주도는 여성들에게 '출륙금지령'까지 내려져 마음대로 이동도 할 수 없었습니다. '출륙금지령'은 육지로 이주하는 사람이 증가하면서 제주도를 방어할 인력이 감소하자 이를 막기 위해 인조 이후에 생겨난 법이었죠.

이토록 많은 한계가 앞길을 가로막고 있었지만, 김만덕은 상황에 굴하지 않았습니다. 스무 살이 된 그는 자신의 신분을 회복해달라고 제주 관아에 지속적으로 탄원했고, 마침내 양인 신분을 회복했습니다. 신분의 한계를 뛰어넘은 김만덕은 그동안 모은 돈으로 포구에 객주를 차리고 장사를 시작합니다. 어려서부터 가난으로 인해 어려움을 겪으면서 자신이 치산에 재주가 있음을 깨닫고 장사를 통해 돈을 벌고자 한 것입니다. 신분 회복과 함께 시작된 꿈이었죠. 김만덕은 현실에 안주하지 않고 삶의 방향을 자신의 의지로 선택한 것입니다.

여기서 김만덕을 통해 배우는 첫 번째 부의 비밀이 등장합니다. 바로 그 어떤 상황에서도 포기하지 않는 불굴의 의지와 목표에 대한 집중이 필요하다는 사실입니다. 만약 김만덕이 주어진 삶에 순응해 평생을 살았다면 어떻게 됐을까요? 우리는 아마도 위대한 거상 한 명을 만나지 못했을 겁니다. 그는 성별, 출생, 신분의 굴레에서 벗어나고자 노력했고, 자신의 목표에 집중한 덕분에 거상의 자리에 오를 수 있었습니다. 세계적인 부자이자 투자의 귀재로 유명한 워런 버핏은 부의 절대 법칙이 '집중'이라고 밝힌 바 있는데, 아주 먼 과거의 김만덕은 이미 이를 알고 행한 것입니다.

이후 김만덕은 객주를 운영하며 인근 상권을 장악했는데, 특히 제주의 진귀한 특산물을 육지와 거래해 많은 이윤을 남깁니다. 조선 후기에는 상업이 발달해 해상 무역이 활발하고 포구를 중심으로 유통업이 크게 발달했는데, 그는 이러한 시대 변화를 읽어내고 객주를 차린 후 쌀, 소금, 옷감, 장신구 등을 사고 제주의 특산물인 말총, 전복, 진주, 미역 등을 육지로 내다 팔아 거상으로 성장합니다.

조선 정조 때의 문신인 채제공의 시문집《번암집》에 따르면, 김만덕은 수완이 아주 뛰어났다고 합니다.《번암집》중 〈만덕전〉은 "그 재주는 재산을 늘리는 데 뛰어났다. 때에 따라 물가의 높고 낮음에 능하여 팔거나 샀다"고 기록하고 있습니다. 특히 갓의 테두리를 만드는 양태를 통해 그야말로 '대박'을 칩니다. 조선 후기 신분제가 문란해지면서 '양반'을 사고파는 일이 벌어지자 양반 인구가 급증했고, 덩달아 양반이 쓰는 갓의 수요도 폭발적으로 늘어나 양태로 어마어마한 돈을 번 것입니다.

이것이 김만덕을 통해 배우는 두 번째 부의 비밀입니다. 즉, 세상과 돈의 흐름을 면밀히 파악하고, 이에 발 빠르게 대응해야 한다는 것이죠. 오직 돈만 좇는 것이 아니라 세상이 어떻게 돌아가는지, 지금 사람들이 무엇을 필요로 하는지를 알아야만 부를 쌓을 수 있다는 사실을 김만덕은 몸소 보여주었습니다.

조선 시대, 여성이라는 한계에도 불구하고 상업에 뛰어들어 막대한 부를 쌓고 엄격한 신분제까지 뛰어넘은 김만덕. 자신에게 주어진 상황과 한계를 극복하며 주체적인 삶을 산 그를 정약용, 채제공, 박제가 등 당시 사회 지도층이 기록을 통해 입을 모아 칭송했을 정도입니다. 하지만 김만덕이 조선 팔도에 이름을 알린 이유는 단지 여자로서 거상이 되었기 때문이 아닙니다.

1792년 제주에는 흉년과 태풍으로 극심한 기근이 들었습니다. 제주도민의 30%가 흉년과 굶주림으로 죽어나갈 정도로 인명 피해가 엄청났죠. 상황이 심각해지자 1794년 제주 목사 심낙수는 제주도민들을 구하기 위해 조정에 구휼미를 요청했고, 조정에서는 구휼미 1만 1,000 석을 실은 배를 제주로 보냅니다. 이 소식은 죽음의 그림자가 짙게 드리운 제주도민들에게 큰 희망을 줍니다. 하지만 하늘도 무심하게 구호 식량을 실은 조운선 중 다섯 척이 가는 도중에 태풍을 만나 바다에 가라앉습니다. 사람들의 절망이 얼마나 컸을까요. 이때 김만덕은 생각합니다.

'부모를 여의고 혼자된 내가 이렇게 잘살게 된 것은 이웃들의 은덕이다. 지금이 그 은혜를 갚을 때다.'

김만덕은 장사를 하며 모은 자신의 전 재산을 털어 육지의 쌀 600 곡을 구입, 그중 10분의 1로 가족과 친척을 살리고 나머지는 모두 관가에 위탁해 기아에 허덕이는 제주 사람들에게 골고루 나누어주라고 합니다. 지금으로 치면 대략 80kg 쌀 600포대 정도를 기부한 것인데, 이는 당시 제주도민 전체가 열흘을 먹을 수 있는 양이었다고 합니다.

자신이 평생을 바쳐 모은 돈을 남을 위해 쓴다는 것이 결코 쉽지 않은 일임을 우리는 잘 압니다. 그가 자기 재산을 내놓지 않은들 아무도 욕하지 않았을 겁니다. 그런데도 김만덕이 전 재산을 기부한 까닭은 대체 무엇일까요? 조선 후기 문신 이면승이 지은 〈만덕전〉에 실린 김만덕의 말을 통해 그 이유를 짐작해볼 수 있습니다.

"

이 세상 사람 모두가 다 나의 동포이다.

하물며 같은 섬사람 아닌가!

재물이란 몸 밖의 물건이라

벌 때와 쓸 때를 알아야 하거늘

내 어찌 돈밖에 모르는 수전노가 되어

내 눈앞에서 굶어 죽는 사람들을

뻔뻔하게 보기만 하고 구휼하지 않겠나.

"

- 이면승, 〈만덕전〉 중에서

재물이란 모이는 때가 있으면 흩어지는 때가 있다는 것, 잘 모으는 것도 중요하지만 적당한 때에 올바르게 흩어지게 하는 것도 중요하다는 사실을 그는 알고 있었습니다. 그리고 이것이 김만덕을 통해 알 수 있는 세 번째 부의 비밀입니다. 즉, 잘 벌고 잘 모으는 데서 나아가 이를 잘 쓸 때 진정한 부가 완성된다는 것이지요. 김만덕은 어려운 사람들을 위해 자신의 전 재산을 내놓는 '가치 있는 삶'을 실천함으로써 자신의 삶 전체를 풍요롭고 부유하게 만들었습니다.

이런 그의 모습은 당시 왕이었던 정조마저 크게 감복시켰고, 정조는 김만덕에게 상을 내리고자 했습니다. 하지만 김만덕은 상을 사양하고 조금은 엉뚱한 소원을 말합니다. 바로 상경해서 금강산을 유람하는 것이었죠. 엄청난 부를 요구하거나 명예가 될 만한 직위를 바랄 수도 있었을 텐데, 고작 상경과 금강산 유람이라니, 다소 어이가 없게 느껴질 수도 있을 겁니다. 하지만 한편으로는 당연한 선택이었다는 생각이 듭니다. 평생에 걸쳐 성별의 한계를 뛰어넘고, 신분의 한계를 돌파하고, 가난의 한계를 극복해온 그에게 지역의 한계에서 벗어나 새로운 세상을 만나는 것만큼 의미 있고 뜻 깊은 일은 없지 않았을까 하는 겁니다.

당시에는 제주도의 여인이 바다를 건너 육지로 들어가는 것이 국법으로 금지되어 있었지만, 정조는 김만덕의 소원을 들어줍니다. 그렇게 쉰아홉 살이 되어서야 난생처음으로 제주도를 벗어나 한양에 도착한 김만덕. 하지만 상민 신분의 여성이었던 김만덕은 궁궐에 출입할 수 없었죠. 그러자 정조는 김만덕에게 당시 여성이 오를 수 있었던 최고의 벼슬인 '의녀반수'를 하사해 궁에 들어오게 한 뒤 이렇게 칭찬합니다.

"의로운 기운을 발휘해 주린 백성 1,000여 명을 구했으니 참으로 기특하다."

이후 김만덕은 금강산으로 가서 멋지고 놀라운 경치를 두루 탐방했는데, 한양으로 돌아오자 김만덕의 이름이 한양 안에 가득했다고 합니다. 당시 금강산 구경은 모든 사람이 평생의 소원으로 꼽는 일이었습니다. 그는 남성도, 양반도 쉽게 할 수 없었던 꿈을 이룬 것이죠.

이후 제주도로 돌아온 김만덕은 죽기 전 양자에게 먹고살 정도의 재산을 물려주고, 나머지는 모두 제주도민을 위해 기부하며 마지막까지 나눔을 실천했다고 합니다. 그야말로 노블레스 오블리주의 표본과 같은 인물입니다.

조선 시대에 제주의 평민으로 태어나 자신을 둘러싼 수많은 제약을 이겨내고 남성들조차 누리기 어려운 영예를 누린 김만덕. 끊임없는 노력과 도전, 그리고 자신이 원하는 바를 당당하게 요구한 삶의 태도는 오늘날에도 큰 귀감이 되고 있습니다. 더불어 목표에 도달하기 위한 의지력과 집중력, 세상의 흐름을 읽는 통찰, 그리고 이를 사회에 환원한 그의 일생은 오늘날 부를 쌓고자 하는 많은 이에게 하나의 이정표가 되어주는 듯합니다. 진정한 부란 그것을 통해 나를, 내 삶을, 나아가 세상을 가치 있게 만들 때 완성되는 것이 아닐까요? 이것이 김만덕이 우리에게 알려주는 진짜 부의 비밀이라는 생각이 듭니다.

한계를 허문
한 제주 상인의 성공기

객주

조선 후기에는 선박을 통한 상품의 유통이 활발해지면서 강과 바다가 만나는 포구가 각 지방 상업의 중심지로 급부상했다. 이 시기 포구에는 대량의 물자를 원격지로 이동하는 선상(船商)이 출입했는데, 그들 간의 거래를 주선한 이가 바로 객주다.

객주는 배로 수송해온 물자를 대상인이나 행상에게 중개하는, 일종의 위탁매매인이었다. 객주의 형태는 일반 보행자에 대한 숙박만을 본업으로 하던 보행객주(步行客主), 대금 등 금융의 주선만을 전문으로 하는 환전객주(換錢客主), 조리·솥·바가지·삼태기와 같은 가정 용품만을 취급하는 무시객주(無時客主) 등으로 다양했다.

〈넉넉한 객주〉, 《기산풍속도첩》, 김준근 作. 조선 시대 객줏집의 모습을 그린 풍속도

만덕전

정조는 김만덕이 재물을 풀어 제주 백성들을 구휼한 점을 높이 사 신하들에게 그에 관한 글을 지으라는 명을 내렸다. 이에 채제공, 정약용, 박제가 등이 김만덕을 칭송하는 글을 남겼다. 이 중에서 정조 시대 개혁 정치를 주도한 채제공의 《번암집》에 실린 〈만덕전〉이 가장 잘 알려져 있다. 이 글에는 김만덕이 당시 남성도 해내기 힘든 일을 여성 혼자의 힘으로 해낸 것에 대한 칭송과 정조의 배려로 제주 여성이 섬을 벗어나 한양 나들이를 하고 금강산을 유람한 내용이 담겨 있다. 하지만 정치적으로 채제공과 대립하던 심노숭은 김만덕에 대해 부정적인 기록을 남기기도 했다.

一生一問

열여덟 번째 질문

꿈은 어떻게 현실이 되는가

망상과 상상

〈홍경래진도〉,
1811년 평안도에서 일어난 '홍경래의 봉기' 진압에 투입된 군병들의 상황을 기록한 그림이다.

노전 마을 젊은 아낙 곡소리도 길구나.
현문 향해 곡하면서 하늘 보며 울부짖네.
전쟁 나가 못 오는 법은 있다지만
남근을 잘랐단 말 옛날에도 못 들었소.
시아버지 죽어 이미 상복 입었고
아인 아직 배냇물도 안 말랐는데
삼대의 이름이 군적에 올랐구나.
가서 암만 호소해도 문지기는 범과 같고
이정은 으르렁대며 외양간 소 끌고 가네.
칼을 갈아 방에 들자 자리에 피가 가득하니
스스로 한탄하니 자식을 낳은 것이 화로구나.

무슨 죄가 있어 잠실음형(蠶室淫刑)• 당했던가.

민(閩) 땅•• 아이들 거세한 것 역시 슬픈 일인데

자식 낳고 또 낳음은 하늘이 준 이치인데

하늘의 이치로 아들이 되고, 땅의 이치로 딸이 되네.

말·돼지 거세함도 그 또한 서럽거늘

대 이어갈 생민(백성) 말을 더해 무엇하리오.

부잣집은 평생 동안 풍악을 울리면서

곡식 한 톨 비단 한 치 내는 법이 없다네.

다 같은 백성인데 어이 이리 차별하나.

객창에서 자꾸만 시구편을 외워보네.

”

- 정약용, <애절양>

• 거세를 하여 누에를 치는 잠실에 가두어 두었던 형벌.

•• 민 땅의 아이들은 관리에게 팔려 생식기를 잘리고 장획(臧獲)이 되었다고 나오는데, 장(臧)은 죄지은 관리의 벼슬을 빼앗고 노비를 만드는 형벌이며, 획은 도망가다 잡혀서 노비가 되는 벌이었다.

가혹한 세금을 견디지 못한 남자는
자식을 낳은 것이 죄라고 한탄하며
스스로 자신의 양물을 자른 채
피를 흘리며 죽음을 맞이하고,

참혹한 광경을 목격한
여자는 관청 앞에 나와 울부짖는다.

이미 죽은 아비와
갓 태어난 자식에게까지
군포를 뜯어가는
매정한 시기

이러한 가운데

여덟 개의 도로 나뉜 조선

그중에서도

평안도 지역 사람들이 겪어야 했던

멸시와 차별

"죄인이 유배나 가는 곳!"

"서북 사람들은

양반도 소학을 읽지 않는다!"

홍경래 군의 행로

입에 들어갈 곡식도 없는
가난한 백성들이
고혈을 뽑아 바친, 군정

한 나라 안에서
서로를 헐뜯고 무시하는 지역 차별

19세기 조선의 세도 정치가 낳은
참혹한 현실을 바꾼 것은
과연 누구였을까?

"아름다운 이 땅에 금수강산에~ 단군 할아버지가 터 잡으시고~"

'한국을 빛낸 100명의 위인들'이라는 노래의 시작입니다. 이 노래 아는 분이 많을 텐데, "고구려 세운 동명왕", "귀주대첩 강감찬" 같은 식으로 한국을 빛낸 위인들과 그 위인들의 업적을 짤막하게 소개합니다. 그런데 가사 중 눈에 띄는 내용이 있습니다.

"못 살겠다, 홍경래."

노래에서 위인이라고 일컫는 인물을 설명하는 수식어가 '못 살겠다'라니, 다소 의아하게 느껴질 수도 있을 겁니다. 이는 홍경래가 '못 살겠다는' 백성들을 이끌고 봉기를 일으킨 인물이기 때문입니다. 바로 그 유명한 '홍경래의 봉기'죠.

사실 19세기는 가히 농민 봉기의 시대라고 할 수 있을 만큼 많은 봉기가 일어났습니다. 보통 민란이라고 하는데, '난(亂)'이라는 단어는 자칫 이름 없는 아무개들의 저항의 몸짓과 의미를 깎아내릴 수 있어 '봉기'가 더 적합하다고 생각합니다. 그야말로 살기 위해 봉기, 벌 떼처럼 무리 지어 세차게 일어난 것이니 봉기라는 표현이 맞지 않을까요?

여하튼 수많은 봉기의 원인은 세도 정치 아래 관리들의 부정부패와 문란한 세금 제도로 백성들의 삶이 나날이 피폐해진 데 있었습니다. 그중에서도 특히 백성들의 삶을 버틸 수 없는 지경까지 몰고 간 주범은 바로 군정이었죠. 군정은 군대를 가지 않는 대신 1년에 한 필씩 포를 내게 하는 제도였는데, 자신들의 배를 불리는 데 혈안이 된 관리들은 황구첨정, 백골징포, 족징, 인징이라는 말도 안 되는 악습을 자행했습니다.

황구첨정에서 황구는 갓난아기를 비유하는 말인데, 젖을 빠는 아이의 입 주변이 노래지는 데서 유래했습니다. 즉, 황구첨정은 갓난아기도 군적에 올린 행태를 뜻합니다. 당시 군역 대상은 16~60세였는데, 세금을 빼앗기 위해 갓 태어난 아기마저 군적에 올린 것입니다. 백골징포는 백골, 그러니까 오래전에 죽어 해골이 된 사람도 포를 내게 한 것이고요. 이렇듯 갓난아기와 죽은 사람에게도 세금을 부과하니 백성이 어떻게 살 수 있겠습니까? 그러자 많은 사람이 밤에 몰래 도망가는 일이 자주 벌어졌고, 관리들은 도망간 이들의 세금을 그들의 친척에게 대신 내게 합니다. 이른바 족징입니다. 그리고 만약 친척이 없을 경우에는 이웃 사람들에게 납세 의무를 떠넘겼는데, 이것을 인징이라고 합니다.

이렇듯 19세기에는 정말 말도 안 되는 일이 벌어졌습니다. 결국 백성들도 가만히 당하고 있을 수만은 없었죠. 그래서 이대로는 못 살겠다며 낫과 곡괭이를 들고 일어납니다. 하지만 대부분의 봉기는 안타깝게도 각 고을 단위를 넘지 못하고 사그라지고 맙니다. 그러다 19세기 초, 평안도에서 발생한 농민 봉기가 나라 전체를 흔들어놓는데, 바로 홍경래의 봉기였습니다.

홍경래는 서얼 출신이라 전해지는 우군칙을 참모로 삼고 뜻을 함께할 동지들을 모았습니다. 농민, 광산 노동자 등 다양한 계층이 힘을 합친 홍경래의 봉기군은 '부패 정권 타도'와 '지역 차별 철폐'를 기치로 내걸었죠. 부패 정권 타도는 백성들의 삶을 병들게 하는 관리들을 물리치겠다는 의미였고, 지역 차별 철폐는 홍경래의 봉기가 일어난 결정적 원인인 서북 지역민들에 대한 차별을 없애겠다는 것이었습니다.

당시 평안도 지역에 대한 차별은 매우 심했습니다. 예를 들어 평안도 지역의 양반이 서울에 가면 노비들도 "평안도 놈!"이라며 하대할 정도였다고 합니다. 신분제가 엄격했던 조선에서 노비가 양반에게 반말을 한다는 건 상상도 할 수 없는 일인데, 그만큼 평안도 지역을 차별했음을 알 수 있는 대목이죠. 조선 후기 실학자 이중환의《택리지》에 실린 기록도 이런 사실을 증명합니다.

"평안·함경 두 도에는 300년 이래로 높은 벼슬을 한 사람이 없다. … 또 나라 습속이 문벌을 중하게 여겨 서울 사대부는 서북 지방 사람과 혼인을 하거나 벗으로 사귀지 않았다. … 이런 까닭에 서북 방면의 함경·평안 두 도는 살 만한 곳이 못 된다."

-《택리지》, <팔도총론> 중

"

지금 나이 어린 임금이 위에 있어
권세 있는 간신배가 국가의 권력을 제멋대로 하니
어진 하늘이 재앙을 내린다.
…
이제 격문을 띄워 알리노니
절대로 동요치 말고 성문을 활짝 열어
우리 군대를 맞으라.
만약 어리석게도 항거하는 자가 있으면
기마병의 발굽으로 밟아 무찔러 남기지 않으리니
마땅히 명령을 따라서 거행함이 좋으리라.

"

- <홍경래의 봉기 격문> 중. 《패림》 권10, 순조기사, 신미년 12월 21일

안 그래도 오랜 지역 차별로 인해 불만이 쌓여 있는데, 여기에 지배층의 수탈까지 더해지니 더는 견딜 수 없었던 겁니다. 홍경래는 이런 평안도 사람들의 분노와 억울함을 정확히 짚어내 그들이 들고 일어설 수 있도록 독려했던 거고요. 사실 아무리 사회가 엉망으로 돌아간다 해도 백성들이 힘을 합쳐서 정부에 대항하기란 쉽지 않았을 겁니다. 아주 오랫동안 이어져 온 차별에 체념하고 좌절한 사람도 많았을 테고, 관리들의 수탈이 분하긴 하지만 괜히 맞섰다가 더 큰 피해를 입을까 봐 염려한 사람도 많았겠죠. 그런 이들에게 홍경래는 이렇게 말했던 것 같습니다.

언제까지 이렇게 살 순 없지 않겠냐고, 이제 바뀌어야만 한다고. 차별받지 않는 세상, 핍박받지 않는 세상은 꿈이 아니라고, 우리가 힘을 합치면 현실로 바꿀 수 있다고.

홍경래의 봉기에 참여한 사람들을 보면 조선 시대의 모든 신분 계층이 거의 함께한 게 아닐까 싶습니다. 농민뿐 아니라 자금을 대는 상인도 있었고, 무력을 기반으로 하는 장사도 있었습니다. 각자의 처지나 이해관계가 다른 이 모든 사람을 하나로 모은 힘, 그것은 아마도 더 나은 세상을 만들 수 있다는, 더 좋은 세상에서 살 수 있다는 '꿈'이 아니었을까 싶습니다.

하나의 꿈, 그리고 그 꿈을 현실로 만들겠다는 의지로 똘똘 뭉친 사람들의 힘은 막강했고, 홍경래의 봉기군은 열흘 만에 청천강 이북 10여 군을 점령합니다. 평안도 일대를 장악하면서 무시무시한 기세를 보이죠. 상황이 이렇다 보니 처음에는 별것 아닌 일로 치부했던 조정에서도 당황했던 모양입니다. 곧 관군 등 진압군이 파견되면서 봉기군은 정주성으로 후퇴했고, 그곳에서도 포기하지 않고 농성전을 벌이며 끈질기게 항전하지만 결국 무기와 수에서 우세인 관군에게 진압당하고 말죠.

그렇게 4개월간 이어진 봉기는 막을 내리고, 이후 학살이라고 할 수 있을 만큼 많은 사람이 목숨을 잃습니다. 주도자인 홍경래는 총에 맞아 숨졌고, 3,000여 명의 봉기 가담자 중 여자와 어린아이를 제외한 1,900여 명이 참수형을 당했습니다. 차별이 싫어서, 먹고살기 힘들어서 "우리 좀 봐 주세요"라고 외쳤을 뿐인데, 이 모순된 세상을 바르게 바꾸고자 했을 뿐인데, 재산을 빼앗기고 기회를 빼앗겼던 수많은 사람이 목숨마저 빼앗기고 만 것입니다.

그렇다면 홍경래를 비롯한 사람들의 꿈은 망상에 불과했던 것일까요? 감히 결코 이루어질 수 없는 꿈을 꾸어 그토록 잔혹한 대가를 치른 것일까요? 그렇지 않습니다. 홍경래의 봉기로 시작된 농민들의 저항은 19세기 중반 임술 농민 봉기, 19세기 후반 동학 농민 운동으로 이어지며 세상을 바꾸어갑니다. 홍경래의 봉기는 이제까지 '어쩔 수 없다, 이게 현실이다'라고 체념하고 순응하던 사람들에게 '그렇지 않다고, 우리가 꿈꾸는 세상을 현실로 바꿀 수 있다'고 새로운 세상의 가능성을 보여주었고, 불가능해 보이는 꿈이 현실이 되는 세상을 꿈꾸게 한 것입니다.

비록 봉기는 실패했지만 홍경래라는 이름은 저항의 상징으로 남아 사람들을 독려했습니다. 당시 "홍경래는 죽지 않았다. 어딘가에서 여전히 새로운 꿈을 꾸고 있다"라는 이야기가 돌면서 저항의 불씨를 이어가게 한 겁니다. 심지어《홍경래전》,《홍경래 실기》등에는 "홍경래는 죽지 않고 도망쳤다"라고 적고 있죠. 홍경래의 봉기는 19세기 민(民) 의식이 성장하고 저항의 시대를 열어가는 데 결정적인 역할을 했다고 해도 과언이 아닙니다.

'꿈은 어떻게 현실이 되는가.'

홍경래의 봉기는 이 질문에 대한 답이 아닐까 생각해봅니다. 차별과 수탈이 극심했던 당시에 '지역 차별 철폐와 부패 정권 타도'라는 홍경래 봉기군의 기치는 '망상'에 불과했을지도 모릅니다. 만약 그들이 이런 세상을 그저 꿈꾸기만 했다면 말입니다. 하지만 그들은 새로운 세상을 열 수 있다고 굳게 믿었고, 다가올 세상을 '상상'하며 '현실'로 만들기 위해 한마음 한뜻으로 싸웠습니다. 이후 홍경래와 사람들의 꿈은 또 다른 사람들의 꿈이 되었고, 그 꿈들은 계속 발전하고 성장하면서 마침내 현실이 되었습니다.

꿈을 꿈으로만 두지 않을 때, 설사 절대 이루어질 수 없을 것 같고 도저히 불가능해 보이는 꿈이더라도 포기하지 않고 도전할 때, 고민하기보다 움직일 때. 꿈은 그럴 때 현실이 된다는 사실을 홍경래와 그의 봉기군, 그리고 이후 봉기한 수많은 백성의 삶이 보여주고 있습니다.

세상을 바꾸고자 했던 농민들의 꿈

삼정의 문란

'삼정'은 토지세를 뜻하는 '전정', 군포를 징수하는 '군정', 정부가 봄에 농민에게 곡식을 빌려주고 그 이자 수입으로 재정을 충당하는 '환곡', 이 세 가지를 뜻한다. 19세기 세도 정치 시기에 기강이 해이해지고 부패한 관리들이 규정 이상의 세금을 거두면서 삼정의 문란이 심화했다.

홍경래 1771(1780)~1812

출생연도와 출신에 관한 정확한 기록은 전해지지 않지만 과거 시험을 치른 것으로 보아 일정 수준 이상의 학문을 겸비했던 것으로 보인다. 과거에 낙방한 뒤 각지를 돌아다니며 세도 정치로 인한 백성의 비참한 현실을 목격했다. 1811년 사회의 모순을 자각한 이후 우군칙 등과 함께 10여 년을 준비해 서북 지역민에 대한 차별과 세도 정권의 수탈에 반발하는 봉기를 일으켰다. 봉기군은 청천강 이북 대부분 지역을 장악했으나 결국 관군에 진압되었고, 홍경래도 이때 총에 맞아 숨을 거둔다. '홍경래의 봉기'는 농민 의식을 성장시키고 이후 19세기 농민 봉기가 늘어나는 데 큰 영향을 미쳤다.

임술 농민 봉기

홍경래의 봉기 이후에도 관리들의 부정부패가 계속되면서 철종 때는 삼정의 문란이 극에 달했다. 가혹한 수탈을 이기지 못하고 전국 각지에서 크고 작은 봉기가 이어졌다. 임술년인 1862년, 진주에서는 경상 우병사 백낙신의 학정에 저항하며 유계춘을 중심으로 봉기가 일어났다. 이를 계기로 삼남 지방부터 시작된 농민 봉기가 전국으로 확산했다. 이에 당황한 정부는 봉기를 수습하고 삼정의 폐단을 바로잡고자 암행어사와 안핵사를 파견하고 삼정이정청을 설치했으나 농민 봉기의 근본적 원인을 해결하지는 못했다.

一
生
一
問

열아홉 번째 질문

무엇을 지켜야 하는가

×

일편단생

나라를 빼앗긴 암울한 시절

어떤 기대도 희망도 없는
절망의 나날 속에서

총칼도 없고 폭탄도 없는
맨손의 민초들이

자신의 조국을 지킬 수 있는
가장 현실적인 방법은 무엇일까?

2009년 5월 진관사 칠성각 해체 복원 조사 중 발견되어 '진관사 태극기'로 불린다. 현재의 국기와 비교하면 리·감의 위치가 바뀌어 있는데 이는 1942년 대한민국 임시 정부 국무위원회가 제정한 국기 양식과 동일하다.

“

역사란 무엇인가?
역사란 ‘아’와 ‘비아’의
투쟁의 기록이다.

”

- 신채호, 《조선상고사》 중

아(我)는 나,

비아(非我)는 나 아닌 다른 사람

역사는 곧

나와 다른 사람 간의 투쟁의 기록

조선 말기,

민족의식을 일깨우려는 계몽 운동가들이 만든 〈황성신문〉과

국채 보상 운동을 이끈 〈대한매일신보〉의 주필•

단재(丹齋)

일편단심, 일편단생

남녀노소 빈부귀천을 가리지 않고

온 국민이 역사를 배울 때

나라를 사랑하는 마음이 생긴다는 믿음

문학가이자 언론인, 역사학자

행동하는 지식인으로

죽는 순간까지 역사에 몰두했던 그에게

신앙과도 같았던 믿음, 역사

—

• 신문사나 잡지사 따위에서 행정이나 편집을 책임지는 사람. 또는 그런 직위를 말함.

"역사를 알지 못하면
그 민족의 애국심이
사라질 것이다."

단재 신채호

1880~1936

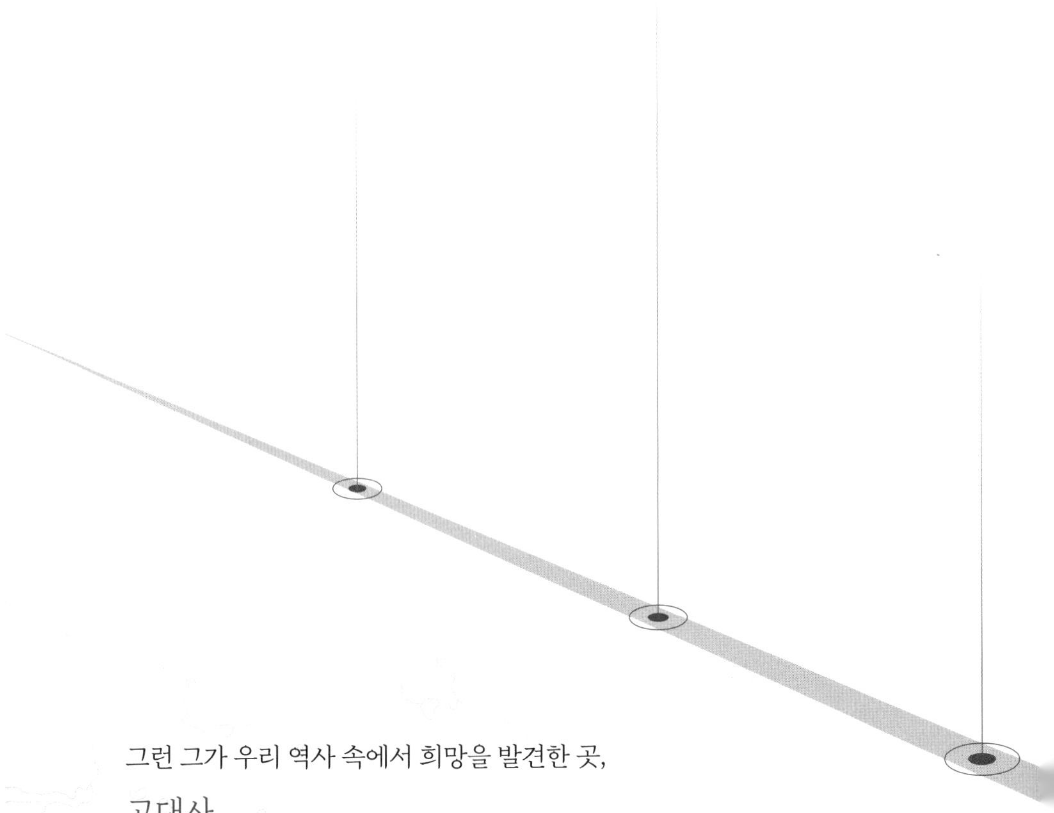

그런 그가 우리 역사 속에서 희망을 발견한 곳,

고대사

단군이 처음 나라를 세울 때

가장 중요하게 생각했던 곳,

만주

단군 조선으로부터

부여, 고구려, 발해를 우리 역사로 인식하고

만주까지 시야를 넓혀

민족의 자긍심을 높이고

나라의 기상을 바로잡는다.

독자적이고도 찬란한 우리의 역사를 바로 아는 일

오직 역사만이 해낼 수 있는 일

지키고픈 것들을 지켜낼 수 있는

가장 강력한 무기, 역사

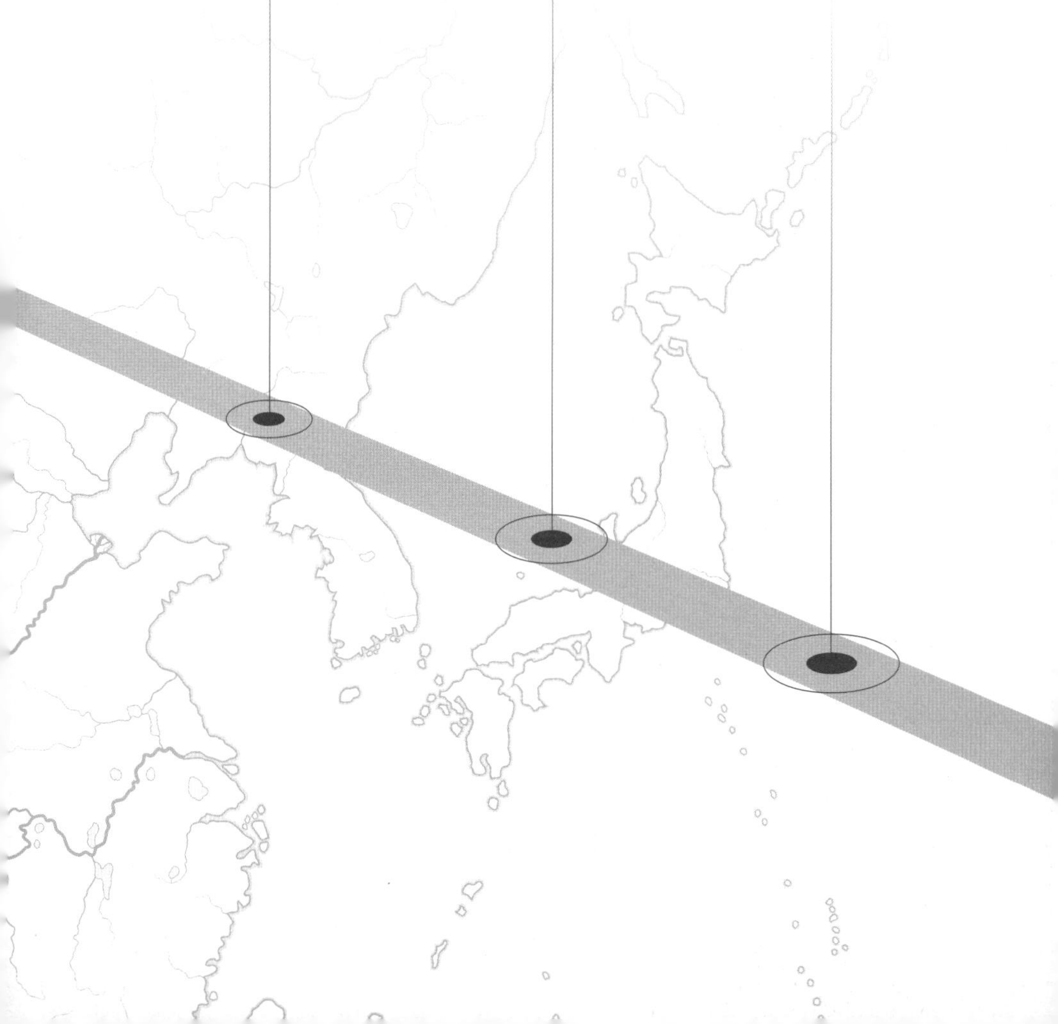

"역사를 쓰는 자는 반드시
그 나라의 주인되는 한 종족을 먼저 드러내어,
이것을 주제로 삼은 후에
그 정치는 어떻게 흥하고 쇠하였으며,
그 산업은 어떻게 번창하고 몰락하였으며,
그 무공(武功)은 어떻게 나아가고 물러났으며,
그 생활관습과 풍속은 어떻게 변하여 왔으며,
그 밖으로부터 들어온
각각의 종족을 어떻게 받아들였으며,
그 다른 지역의 나라들과 어떻게 교섭하였는가를
서술하여야 이것을 역사라고 말할 수 있다."

- 신채호, 《독사신론》 서론 중

"한 인간에게서 모든 것을 빼앗아갈 수는 있지만, 한 가지 자유는 빼앗아갈 수 없다. 바로 어떠한 상황에 놓이더라도 삶에 대한 태도만큼은 자신이 선택할 수 있는 자유이다."

오스트리아 출신 유태계 정신과 의사이자 심리학자인 빅터 프랭클의 말입니다. 그는《죽음의 수용소에서》라는 책의 저자로도 유명한데, 이 책은 나치의 강제 수용소에서 겪은 잔혹한 경험을 다룬 자서전적 체험 수기입니다. 아직 읽지 않았다면 꼭 한 번 읽어보세요. 생사의 엇갈림 속에서도 삶의 의미를 잃지 않으려고 애쓰는 그의 모습에서 우리가 이 삶을 어떻게 살아가야 할지 배우고 느낄 수 있습니다.

프랭클은 갖은 노역과 학대를 당하고, 매일 옆 사람이 하나둘 죽어가는 모습을 지켜봐야 하는 참혹한 환경과 극심한 공포 속에서도 인간의 존엄성과 희망의 끈을 놓지 않았습니다. 인간으로서 기본적으로 누려야 할 자유와 존엄, 이 모든 것을 빼앗긴 상황에서도 자신의 말처럼

'삶에 대한 태도'만은 지킬 수 있다고 믿고 이를 지키려 노력했습니다. 그렇기에 결국 살아남아 자신의 뜻을 펼치고 지금의 우리에게까지 깊은 울림을 주고 있는 것이지요.

빅터 프랭클처럼 숭고하고 거대한 것은 아닐지라도, 누구나 그 어떤 상황에 부닥치더라도 기필코 지켜내고 싶은 삶의 한 가지가 있을 겁니다. 누군가에겐 가족일 것이고, 누군가에겐 꿈일 것이고, 누군가에겐 희망이나 신념, 또 누군가에겐 돈일 수도 있겠죠. 사람에 따라 지키고 싶은 한 가지는 각기 다르겠지만, 그것이 무엇이든 지켜내기가 결코 쉽지 않다는 사실은 모두에게 똑같이 적용됩니다.

지키고 싶은 것을 지켜내는 일, 말은 간단한데 실제로는 참 어렵습니다. 하나를 지키기 위해 수십 가지를 포기해야 할 수도 있고, 그것을 지켜내는 데 너무 많은 시간과 노력이 들어갈 수도 있지요. '내가 간절히 지키고 싶은 것을 그 어떤 위기에도 정말 지켜낼 수 있을까'를 고민하는 사람이라면, 아마 가슴속에 늘 이런 질문을 품고 있을 겁니다.

'어떻게 지킬 수 있을까? 어떻게 지켜낼 것인가?'

이 질문에 대한 답을 찾는 과정에 이분의 이야기가 어느 정도 이정표가 되어주지 않을까 싶습니다. 바로 단재 신채호 선생입니다. 신채호는 일제 강점기의 독립운동가이자 교육자, 역사학자, 그리고 언론인으로 '역사가 곧 희망'이라는 자신의 신념에 평생을 바친 인물입니다.

신채호는 성품이 강직했던 것으로도 유명합니다. 그는 일제 강점 상태에서는 호적을 만들 수 없다며 무국적자로 살았고, 세수를 할 때도 고개를 숙이지 않았다고 합니다. 고개를 뻣뻣하게 들고 세수를 하려면 어떻겠어요? 비누거품을 씻어내기도 불편하지만, 얼굴을 닦은 물이 고스란히 흘러내려 옷도 다 젖을 텐데 왜 고개를 숙이지 않았을까요. 매번 이 모습을 지켜보던 소설가 이광수가 어느 날 신채호에게 질문을 던졌고, 이런 대화가 오갔다는 일화가 전해집니다.

"고개를 숙이고 세수를 하면 씻기도 편한데 왜 늘 고개를 들고 세수를 하시며 옷까지 버려 저를 힘들게 하십니까?"

"온통 왜놈 세상이니 어디 머리를 숙일 곳이 있어야지!!"

이광수는 나중에 친일의 길로 접어드는데, 이를 어느 정도 예견하고 준엄하게 꾸짖듯이 한 이야기는 아니었을까 하는 생각을 해봅니다.

당시 우리가 일제에 저항하는 방식은 매우 다양했습니다. 영화 〈밀정〉에 등장하는 의열단처럼 자신의 목숨을 바쳐가며 무장 투쟁을 한 사람들도 있고, 민족의 얼과 혼이 담긴 나라말을 잃으면 모든 것을 잃게 된다는 생각에 《우리말 큰사전》 편찬에 온 힘을 쏟은 조선어학회 연구원 같은 이들도 있었죠. 그중 신채호는 역사 연구가 곧 민족의 독립운동이라는 생각을 가지고 일제에 맞선 사람입니다.

그때까지 일본은 자신들의 통치를 정당화하기 위해 한국인들은 모였다 하면 싸운다는 '당파성론', 한국인들은 고대에서 중세, 근대까지 농사만 지어 할 줄 아는 게 농사밖에 없고 정체돼 있어 일본이 근대화를 시켜줘야 한다는 '정체성론' 등 각종 식민사관을 제조해냈습니다. 말도 안 되는 논리였죠. 그러나 신채호는 우리의 진짜 역사를 발굴해 제대로 알림으로써 일제의 논리에 맞서고자 했습니다. 그 일환으로 신라 시대의 화랑도를 통해 우리 민족의 저력을 주장했죠. 일제 강점기, 민족주의 역사학자들은 '정신'의 중요성을 강조했습니다. 쉽게 말해서 정신만 똑바로 차리면 나라를 되찾는 일이 가능하다는 거였죠. 신채호도 같은 생각이었는데 이를 토대로 그가 주장한 것이 '낭가사상'이었습니다. 지금은 우리가 일제에 위축되고 움츠러들었지만, 사실 우리 민족은 본디 밝은 성품, 호연지기를 가졌다는 주장이었지요. 낭가사상의 '낭'은 '밝을 낭(朗)' 자로, 화랑도의 '랑' 자와 같습니다. 신채호는 심신 수련을 위해 이름난 산, 내천 등을 돌아다닌 화랑도의 호방한 모습에서 우리 민족의 기본 정신을 찾은 것입니다.

그는 여기서 그치지 않고 외국인 베델이 운영해 일본의 감시에서 비교적 자유로웠던 〈대한매일신보〉에서 일제와 친일파를 준엄하고 강력하게 비판하며 국민을 계몽하는 기사도 많이 썼습니다. 《을지문덕전》, 《이순신전》 등 민족사적 영웅들의 전기 위인전뿐 아니라 민족사적 방향을 제시한 《독사신론》, 《조선상고사》, 《조선사연구초》 등 민족주의 역사서도 아주 많이 썼고요. 그리고 그 유명한 '조선 혁명 선언', 일명 '의열단 선언'이 있습니다. 김원봉의 부탁으로 의열단의 독립운동 이념과 방략을 이론화한 글인데, 거기에 이런 글귀가 있습니다.

“

조선 민중이 한 편이 되고
일본 강도가 한 편이 되어,
네가 망하지 아니하면 내가 망하게 된
'외나무다리 위'에 선 줄을 알진대,
우리 2,000만 민중은
일치로 폭력 파괴의 길로 나아갈지니라.
민본은 우리 혁명의 대본영이다.
폭력은 우리 혁명의 유일 무기이다.

”

- '조선 혁명 선언' 중

"폭력은 우리 혁명의 유일 무기이다"라는 말에 폭력은 나쁜 거라고 생각하는 분도 있을 텐데, '폭력=나쁜 것'이라는 이 절대적 명제를 상대적 명제로 바꿔놓은 것이 바로 이 '조선 혁명 선언'입니다. 폭력은 나쁜 것이라고 단정 지으면 일제 강점기의 독립운동을 설명하기가 어렵습니다. 나라의 주권과 자신의 자유를 빼앗겼을 때 사용한 폭력에 대해서는 선별적으로 접근할 필요가 있고, 당시 일제의 폭력과 폭압 아래 짓밟힌 나라와 민족을 구하기 위해 맞불을 선택할 수밖에 없었던 상황을 고려해야 한다는 거죠.

그리고 여기서 신채호가 독립운동의 한 방법으로 역사 연구에 매진한 것은 비단 그가 역사학자였기 때문만이 아니라, 일제의 식민사관에 대한 맞불이었음을 다시 한번 확인할 수 있습니다. 즉, 폭력에는 폭력으로 맞서고, 역사 왜곡에는 제대로 된 역사 연구로 맞서는 등 다방면에서 일제에 저항해야 한다는 것을 알고 한편에서는 '선언', 또 다른 한편에서는 '실천'을 통해 이를 이뤄내고자 한 것입니다. 그가 정말 지키고자 한 것은 '역사는 희망'이라는 신념, 그 밑에 깊이 자리하던 자신의 조국이 아니었을까요.

이렇게 성격이 강직했던 신채호는 결국 독립운동을 한 죄로 영하 20℃를 맴도는 혹독한 뤼순 감옥에서 7년을 보냅니다. 온기 없는 수감실과 혹독한 추위는 건강을 해치기에 충분했지요. 신채호의 병이 나날이 깊어가는 걸 걱정하던 가족들이 각고의 노력 끝에 보증인을 세우는 조건으로 출옥 통고를 받아냅니다. 이에 가족 중 먼 친척인 친일 인사

부자에게 보증을 부탁했는데, 신채호가 출옥을 거절합니다. 그 부호가 친일파로 알려져 있었으니 그로서는 당연한 행동이었을 겁니다.

"나는 나가지 않겠다.
그 친일파 돈을 받아 나가면 창피해서 어떻게 살겠는가."

결국 그는 1936년 2월 21일, 감옥에서 유명을 달리합니다. 죽음조차 꺾을 수 없는 강직함, 신념 앞에 타협은 없었던 그의 모습에 절로 고개를 숙이게 됩니다.

간절히 오랜 시간 가꿔온 꿈을 현실 때문에 포기해야 할지 고민하거나, 옳은 일이라 믿고 지켜온 신념이 뿌리째 흔들리는 경험을 할 수도 있습니다. 하지만 빅터 프랭클이 죽음의 수용소에서도 인간의 존엄성을 포기하지 않았듯, 신채호 역시 죽음의 공포 앞에서도 나라를 지키려는 마음을 포기하지 않았습니다. "역사 연구가 곧 독립운동이요, 역사가 곧 희망"이라는 신념, "일본에는 절대 굴하지 않겠다"는 결심을 자신의 삶 전체로 지켜낸 신채호를 통해 삶에서 소중한 무언가를 지켜낸다는 것이 어떤 의미인지 돌아보게 됩니다.

지키고 싶은 것을 아직 찾지 못했을 수도 있습니다. 괜찮습니다. 찾으려는 의지만 놓지 않는다면 말입니다. '무엇을 지켜야 하는가', 이 질문을 가슴에 품고, 어떤 위기와 위협 앞에서도 절대 잃고 싶지 않은 것들을 떠올려보세요. 어쩌면 이 질문이 여러분 인생의 방향을 바꾸고, 삶에 의미를 더하게 만들지도 모르니까요.

"역사는 암울한 현재를 비추는 한 줄기 등불이다."

민족주의 사학

일제의 식민사관을 비판하면서 우리 민족 문화의 우수성과 우리 역사의 주체적인 발전을 강조한 역사학이다. 민족주의 사학은 역사 연구를 민족 해방 운동의 한 부분으로 여겨 우리 민족이 나라를 빼앗겼지만, 우리의 정신을 지키고 있으면 언젠가는 독립을 이룰 수 있다고 주장했다.

신채호는 일본 침략이 가속화되자 《독사신론》을 통해 민족주의 사학의 연구 방향을 제시하며 민족 의식을 높이고자 했다. 또한 《조선상고사》와 《조선사연구초》를 저술해 민족주의 사학의 기반을 마련했는데, 신채호는 호연지기와 진취적 기상을 기르던 화랑도에 주목해 우리 민족의 정신이 낭가사상에 기반을 두었다고 주장했다. 박은식은 《한국통사》를 통해 일제의 식민지로 넘어가기 직전인 개항기 역사를 다루었으며, 한국 독립운동의 역사를 담은 《한국독립운동지혈사》를 저술했다. 신채호와 박은식의 민족주의 사학을 계승한 정인보는 '얼'을 강조하며 민족정신을 고취했다.

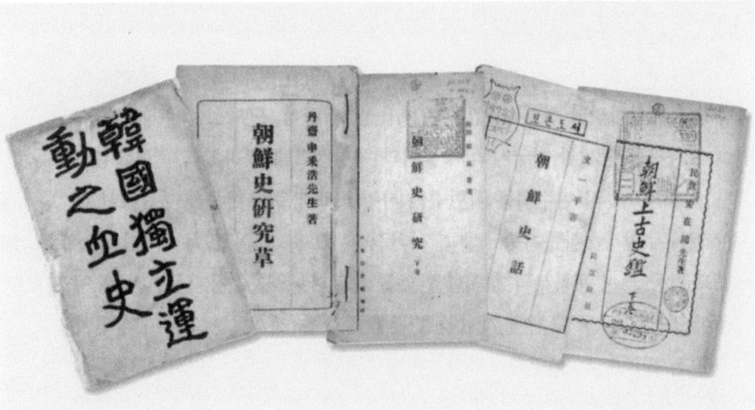

일제 식민사관에 대항한 민족주의 역사책

이광수 1892~1950

1915년 국내 최초 근대 장편소설 《무정》을 〈매일신보〉에 연재하며 주목을 받았다. '2·8 독립 선언서'의 초안을 작성하고 대한민국 임시 정부와 흥사단에서 활동했지만, 한편으로는 일제의 '문화 통치'에 기대를 걸고 '민족 개조론', '민족적 경륜' 등과 같은 친일 성향의 글을 발표하기도 했다.

1937년 명망가와 지식인들을 친일로 전향시키려 일제가 벌인 수양동우회 사건으로 국내의 독립운동 단체가 대부분 소멸하거나 그 활동이 축소되었는데, 이때 이광수도 투옥되었다. 감옥에서 풀려난 후 창씨개명을 지지하고 학병 지원 권고, 징병제를 환영하는 글과 연설을 통해 일제에 협력했다. 광복 이후 일제 강점기 자신의 친일 행적에 대한 변명을 담은 《나의 고백》을 발표하기도 했으나, 1949년 2월 반민족행위특별조사위원회에 의해 체포되어 서대문 형무소에 수감된다. 2005년 친일반민족행위진상규명위원회에서 친일반민족행위자로 분류했다.

一
生
一
問

스무 번째 질문

시대 앞에서 나는 무엇을 할 수 있는가

역사에게 건네는 다짐

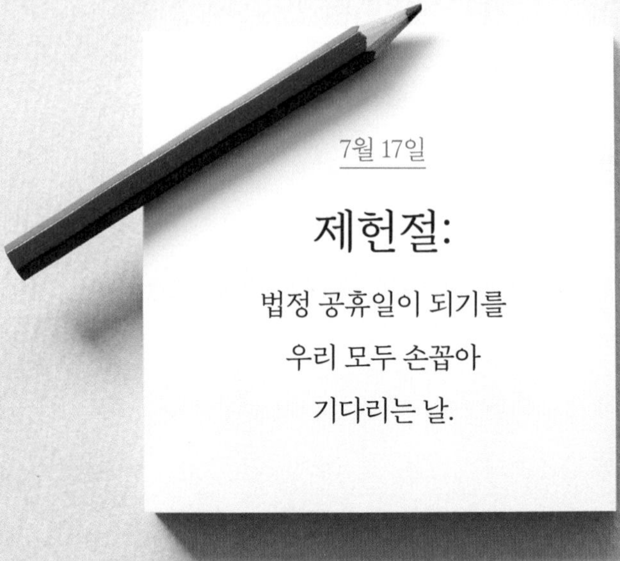

1948년 7월 17일 공포된

제헌 헌법

대한민국을 민주적으로 통치하고

국민의 기본권을 보장하기 위한

우리나라 최초의 법률

헌법 제1조 제1항

"대한민국은 민주공화국이다."

헌법 제1조 제2항

"대한민국의 주권은 국민에게 있고

모든 권력은 국민으로부터 나온다."

그런 국민이

자신의 권력을 행사할 수 있는

유일한 행위

민주주의의 시작과 끝

선거[選擧, election]:

선거권을 가진 사람이
공직에 임할 사람을 투표로 뽑는 일.

내 손으로 직접
내가 원하는 대통령을
자유롭게 뽑는 일

지금은 당연하게 여겨지는
참정권의 올바른 행사가
제 의미를 찾은 것은
생각보다 오래되지 않았다.

1948년 7월 17일 제헌 이후
총 아홉 차례에 걸친 개헌

그중 절반 이상이
정치인 자신의 야욕을 위해
헌법을 악용한 사례

이 온전한 한 장의 권력을 쟁취하기까지

간첩으로 폭도로 몰려
억울한 죽음과 옥살이를 당한 사람들

계엄군의 총칼에도 굴하지 않고 외친
광주 시민의 절규

"유신 헌법 철폐, 신군부 퇴진!"

그리고
5·18 정신을 이어받은
6월 민주 항쟁

〈아! 나의 조국〉, 고명진 作.
1987년 6월 민주 항쟁 때 부산에서 한 시민이
경찰을 향해 "최루탄을 쏘지 마라"라고 외치며 달려오는 순간을 포착했다.
한국 민주화 운동의 상징과도 같은 사진으로 1999년 AP통신이 '20세기 100대 사진'으로 선정하기도 했다.

역사는
오직 인간의 손으로
그 물길을
바꾸기 때문이다.

1987년 7월 이한열 열사를 추모하기 위해 서울 시청 앞 광장에 모인 인파

2017년 CBS TV 〈세상을 바꾸는 시간, 15분〉에 출연해 언론이나 방송에서 한 번도 하지 않았던 부끄러운 제 이야기를 처음 고백했습니다. 창피함을 무릅쓰고 그 이야기를 다시 한번 꺼내보려 합니다.

제가 고등학교 1학년 때인 1987년, 6월 민주 항쟁이 일어났습니다. 텔레비전과 신문을 통해 소식을 접하면서 저는 정말 깜짝 놀랐습니다. 전경들이 최루탄과 화염병을 맞고, 경찰차가 불타는 모습을 보면서 당시 저는 시위하는 사람들이 나쁘다고 생각했습니다.

'나쁜 사람들, 왜 저렇게 나라를 혼란스럽게 만드는 거야!'

변명에 불과하지만, 고등학생 때의 저는 세상이 어떻게 돌아가는지 모른 채 오직 공부만 파고드는 '범생이'였던 데다 철저히 길들여진 '반공 소년'이었거든요. 역사의 진실을 제대로 알지 못한 채 그저 언론이 전하는 정보만 곧이곧대로 믿었던 겁니다. 다시 생각해도 참 부끄러운 일이죠.

시간이 흘러 1990년, 그 '범생이 반공 소년'이 대학에 입학했는데, 그 대학은 시위를 많이 하기로 전국에서도 손꼽히는 학교였습니다. 더욱이 제가 들어간 사학과는 그 시위의 중심에 있는 과였고요. 입학하고 얼마 후 과방을 찾았는데, 방을 꽉 채운 사람들이 "투쟁! 투쟁!"을 외치고 있더군요. 고등학생 때 텔레비전에서 본 '나쁜' 사람이 가득했지요.

아직 반공 교육의 굴레에서 벗어나지 못했던 저는 학교에 가기 싫을 정도로 무서웠습니다. 하지만 어렵게 들어간 학교를 그만둘 수는 없었죠. 어쩔 수 없이 그 '나쁜' 사람들과 같이 수업도 듣고, 밥도 먹고, 차도 마시고, 술도 한잔하면서 왜 그들이 투쟁을 외치는지, 왜 공부 대신 시위에 몰두하는지 이해하게 되었습니다. 그들을 통해 비로소 6월 민주항쟁의 진짜 모습을 알게 되었고, 5·18 광주의 아픔 역시 그들이 보여준 비디오를 통해 처음 접했습니다.

"유신 헌법 철폐! 신군부 퇴진!"

지금도 5월이 되면 대학생 때 처음 접한 그날의 기록, 그들의 외침이 귓가에 맴돌곤 합니다. 1980년 5월 18일, 자유를 향한 숭고한 투쟁의 불씨를 당긴 후 열흘간 전개된 민주화 운동. 이 운동이 시작된 결정적 계기는 비상 계엄령의 전국 확대 조치였습니다.

1979년에 벌어진 10·26 사태와 함께 오랫동안 이어져 온 군사정권이 붕괴됐지만, 곧 전두환과 노태우가 중심이 된 신군부 세력이 집권

하며 민주주의 사회는 또 저만치 멀어지고 말았고, 민주주의를 염원하던 사람들은 좌절할 수밖에 없었습니다. 그러다 1980년 5월 17일 군인들이 모든 행정과 군사를 장악하게 하는 비상 계엄령이 전국으로 확대 실시되자, 더 이상 참을 수 없었던 광주의 학생들과 시민들은 계엄령 해제와 신군부 퇴진을 요구하며 5월 18일 광장에 모입니다.

신군부는 공수부대까지 동원해 시위를 벌이던 전남대 학생들을 탄압했습니다. 전남대에서 시작된 무력 진압은 곧 광주의 거리로까지 번져, 시위에 가담하지 않은 시민들도 그 폭력의 대상이 되었습니다. 심지어 청각 장애인이 계엄군의 질문에 대답하지 않는다는 이유로 구타를 당해 사망하는 사태까지 벌어졌죠.

이 같은 계엄군의 무자비한 진압 방식이 시민들의 강한 반발을 불러일으키면서 더 많은 사람이 시위에 참여합니다. 시위의 불길이 꺼지기는커녕 나날이 거세지자 5월 21일, 계엄군은 금남로에서 비무장 시민들을 향해 집단 발포를 자행합니다. 상황이 이렇게 되자 시민들은 예비군 탄약고에서 무기를 꺼내와 시민군을 조직하고 계엄군에 맞섭니다. 이에 계엄군은 일단 광주 외곽으로 철수합니다. 광주 시민들은 수습위원회를 구성해 치안과 질서 유지에 힘쓰는 한편 추가 유혈 사태를 막기 위해 신군부와 협상을 시도하죠. 하지만 계엄군은 헬기까지 동원해 시민들에게 무자비하게 총을 쐈습니다.

이 사실이 밝혀진 것은 2016년의 일입니다. 민주화 운동 당시 헬기 사격이 있었다는 증언이 고(故) 조비오 신부를 비롯한 여러 사람에게서 나왔지만, 1995년 검찰이 헬기 사격은 없었다고 결론을 내림으로

써 증언들은 인정받지 못했죠. 그런데 2016년 12월, 민주화 운동 때 시민들이 계엄군을 피해 몸을 숨겼던 장소로 알려진 전일 빌딩에서 20여 개의 탄환이 발견됩니다. 건물이 노후해 철거가 논의되던 와중에 탄환이 나온 것이죠. 1980년 당시 전일 빌딩은 광주에서 가장 높은 빌딩이었는데, 이 건물의 가장 위층인 9층과 10층에서 발견된 탄환은 헬기 사격이 아니라면 설명할 수 없는 것이었습니다. 이에 본격적인 조사가 시작되었고, 2017년 1월 국립과학수사연구원이 확인한 탄흔 수는 245개였습니다. 조사를 마친 국립과학수사연구원은 "헬기가 공중 정지 상태에서 총탄을 쏜 것으로 보인다"고 발표했습니다.

자유와 민주, 인간이 마땅히 누려야 할 기본 가치를 찾고자 "계엄령 해제, 신군부 퇴진"을 목 놓아 부르짖은 사람들의 외침이 헬기 사격 등 계엄군의 무자비한 진압에 철저히 짓눌렸던 겁니다. 광주시의 모든 체계가 무너진 혼란 속에서 사람들은 시민자치제를 형성하고 시민군을 조직하며 맞섰지만, 결과는 처참한 죽음이었습니다. 5월 27일 새벽, 계엄군이 시민자치제의 근거지였던 전남도청에 총공세를 펼쳐 수많은 사상자가 발생했고, 열흘에 걸친 민주화 운동은 막을 내리고 맙니다.

그렇다면 5·18 민주화 운동은 실패한 역사일까요? 결코 그렇지 않습니다. 5·18 민주화 운동에서 시작된 분노의 씨앗은 계속 자라나, 1987년 6월 민주 항쟁이라는 꽃으로 피어났습니다. 6월 민주 항쟁은 10월 개헌을 이끌어내며 대통령 직선제를 이루어냈고, 우리는 여전히 1987년에 만든 그 체제에서 살고 있습니다.

5·18 민주화 운동은 오늘날 우리가 숨 쉬듯 누리고 있는 '민주주의'를 안겨준 고마운 역사입니다. 군사 통치 종식과 민주화 촉구를 부르짖으며 거리로 나선 보통의 사람들. 그분들이 있었기에 오늘날 우리가 민주주의를 누리며 살 수 있는 것이니까요.

지금 우리가 당연하고 자연스럽게 여기는 일상을 위해 자신들의 삶을 송두리째 바친 그분들은 제 삶에도 커다란 변화를 가져왔습니다. 대학생 때의 저는 비디오를 통해 그 모습을 보면서 정말 부끄러웠습니다. '우리'의 민주주의를 위해 싸우고 희생한 사람들의 이야기를 몰랐다는 것이 너무 창피하고 안타까웠습니다. 눈물조차 나오지 않더군요. 너무 아프면 울 수조차 없다는 사실을 그때 처음 알았습니다. 그때 제 자신에게 물었습니다.

'정말 이대로 살아도 괜찮은 걸까?

지금 이 시대 앞에서 나는 무엇을 해야 하지? 어떻게 해야 할까?'

당장 변화가 시작된 건 아닙니다. 아버지가 운영하는 양복점이 망한 뒤 간신히 생계를 유지하는 집안 형편을 생각하면, 어서 빨리 졸업해 돈을 버는 것이 가장 큰 목표이자 과제였습니다. 하지만 도서관에 앉아 공부에 몰두하는 와중에도 문득문득 가슴속에서 무언가가 치밀었습니다. 제가 영어책을 파고드는 순간에도 '나'가 아닌 '우리'를 위해 시위를 하는 친구들이 있었기 때문입니다. '지금은 공부할 때'라고 스스로를 다독이며 책을 읽는 제 자신이 밉고 화가 났습니다. 무엇보다 두려웠습니다. 제가 계속 이렇게 '우리'보다는 '나'를 우선하며 살아가게 될까 봐 말입니다.

그리고 오랜 고민 끝에 저는 나름대로 약속을 했습니다. 언젠가 꼭 '우리'에 대한 고민을 하겠노라고. 언젠가 때가 되면 꼭 '나'가 아닌 '우리'를 위한 일을 하겠다고. 이것은 제가 처음으로 한 제 삶과의 약속이었습니다. 이후에는 좀 더 의미 있고 가치 있는 삶으로 만들어주겠노라고 다짐한 것입니다.

그렇게 제 대학 생활이 흘러갔고, 졸업 후 교사가 된 저는 분필을 잡고 한국사를 알리게 되었습니다. 그런데 교사 생활을 하는 매일매일이 너무 불편했습니다. '내가 대학교 때 역사라는 거울 앞에서 내 자신에게 한 약속을 지금 제대로 지키고 있는 걸까?'라는 생각, 그 질문이 끊임없이 저를 짓눌렀습니다. 또다시 두려움이 밀려왔습니다. 제가 제 삶과의 약속을 지키지 못할까 봐, 사는 게 바쁘고 힘들다는 핑계로 과거의 부끄러움을 애써 외면할까 봐 겁이 났습니다. 저는 곰곰이 생각했습니다.

'내가 지금 제일 잘하는 것은 사람들에게 역사를 알리는 일이 아닌가.
이걸 더 열심히 하자. 그것을 통해 나도 우리를 위해
무언가를 한번 해볼 수 있지 않을까?'

아마 그때 비로소 깨달았던 것 같습니다. 두려움과 맞서는 유일한 방법은 용기를 내는 일이라는 사실을요. 제가 가진 능력과 역량이 부족하다는 생각에 '우리'를 위한 시도를 두려워만 해온 제가, 작고 미약하더라도 일단 용기를 내서 시도하는 것이 중요하다고 스스로를 설득하게 된 것이죠. '양질의 한국사 무료 강의를 통해 많은 사람에게 역사를 바로 알리고, 우리 사회가 건강해지는 데 조금이라도 도움이 된다면, 대학생인 내가 역사 앞에서 느꼈던 마음의 빚을 조금이라도 갚을 수 있지 않을까?' 저는 다짐했고, 그 힘으로 지금껏 무료 강의를 해왔습니다. 앞으로도 그럴 테고요.

이렇듯 저는 역사로부터 제가 살아야 할 방향에 대한 이정표를 선물 받았습니다. 격동의 현대사를 겪으며 '우리'를 위한 일에 대해 고민하게 되었고, 비록 당시에는 그 일에 참여하지 못했지만 훗날이라도 '우리'를 생각하는 일을 꿈꿀 수 있었습니다. 그리고 역사로부터 받은 선물을 토대로 제 자신에게 이전보다는 좀 더 의미 있는 삶, 나보다는 우리를 위해 나아가는 삶을 선물할 수 있게 되었습니다.

여러분께도 묻고 싶습니다. 자신에게 어떤 삶을 선물하고 싶으신가요? 삶은 그저 살아가는 것이라고 여기면 주어진 삶의 무게와 크기에 막막하고 지칠 때가 너무 많습니다. 그럴 땐 조금 바꿔서 생각해보는 겁니다. '나에게 어떤 삶을 선물할 것인가.' 그러면 선물이라는 단어가 주는 설렘과 기대 덕분에라도 좀 더 희망찬 기운을 느끼게 되지 않을까요?

나에게 선물하고 싶은 삶은 어떤 모습일까요. 누군가는 아주아주 부유해서 돈 걱정은 하지 않는 삶을 떠올릴 수도 있고, 누군가는 하고 싶은 일을 하면서 소소하지만 행복하게 사는 삶을 생각할 수도 있을 겁니다. 어떤 삶이든 좋습니다. 우리 모두는 생김새도 성격도 꿈도 다르고, 그러니 각자가 지향하는 삶도 모두 다를 수밖에요. 각자의 삶은 그 자체로 의미가 있습니다.

다만 한 가지만 기억해주면 좋겠습니다. '나에게 선물할 삶'이 '우리'에겐 어떤 영향을 미칠지, 어떤 도움을 줄 수 있을지 말입니다. '나'보다 '우리'를 앞에 놓기는 어려울 수 있어도, '나'와 더불어 '우리'도 생각하는 것은 그리 어려운 일이 아니지 않을까요? '나'와 '나'가 모여 '우리'가 되듯, '내 삶'과 '내 삶'이 모여 '우리가 살아가는 세상'이 됩니다. 또한 '우리의 세상'은 필연적으로 '내 삶'에 영향을 끼칠 수밖에 없고요.

사람 '인人'이라는 한자는 두 사람이 서로를 기대고 있는 모양이라고 합니다. 우리는 모두 역사를 통해 서로를 기대고 있는 '사람'이라는 사실을 기억해주세요. 나와 우리, 내 삶과 세상의 관계를 잊지 않는다면, 조금은 더 가치 있는 삶을 살 수 있지 않을까요. 이 책에 등장한 모든 역사는 '우리'를 생각하며 살았던 사람들에 관한 기록입니다. 저도 여러분도, 우리 함께 더 나은 '사람'으로 역사 앞에서 만날 수 있기를 희망합니다.

지금, 나였다면 어땠을까?

유신 헌법

1972년 7·4 남북 공동 성명 이후 박정희 정부는 평화적 통일을 위해 정치 체제를 개혁한다며 헌법의 일부 조항의 효력을 중지시키고, 정당과 정치 단체들의 활동을 중단시킴과 함께 국회를 해산하는 10월 유신을 단행했다. 여기서 '유신'은 낡은 것을 새롭게 한다는 뜻이다. 박정희는 비상 계엄령을 선포하고 비상 국무회의에서 7차 개헌, 즉 유신 헌법을 통과시켰다. 이로 인해 통일 주체 국민 회의에서 선출되는 대통령은 임기 6년에 종신 집권이 가능했다. 또한 대통령에게 헌법을 초월하는 긴급조치권과 국회 해산권, 법관 인사권, 국회의원 3분의 1 추천권 등 막강한 권한을 부여했다.

신군부

유신 체제에 반대하는 목소리가 높아지는 가운데 1979년 부·마 민주 항쟁이 일어났고, 유신 반대 시위가 전국으로 확산됐다. 이러한 상황에서 박정희가 중앙정보부장 김재규에게 피살되는 10·26 사태가 벌어져 유신 체제는 막을 내렸다. 하지만 같은 해 12월 12일 전두환이 이끄는 신군부 세력이 다시 군사 쿠데타를 일으켜 정권을 장악했고, 신군부 세력은 유신 헌법을 유지하며 독재를 이어가려 했다. 이에 1980년 봄, 유신 철폐와 신군부 퇴진을 요구하는 대대적인 민주화 운동이 일어났다.

6월 민주 항쟁

직선제 개헌 운동을 전개해나가던 중 터진 부천경찰서 성 고문 사건과 박종철 고문치사 사건으로 국민의 분노가 극에 달했음에도 전두환과 그 정부는 당시 헌법에 규정된 대통령 간선제를 고수하겠다며 4·13 호헌 조치를 발표했다. 이후 직선제 개헌을 요구하는 시위 과정에서 경찰이 쏜 최루탄에 대학생 이한열이 피격되는 사건이 일어나자 더는 참을 수 없었던 민중이 호헌 철폐와 독재 타도를 외치며 전국 각지에서 일어났다. 6월 민주 항쟁으로 전두환 정부는 대통령 직선제 개헌 요구를 수용하는 6·29 민주화 선언을 발표했고, 이에 따라 5년 단임 대통령 직선제로 헌법이 개정됐다.

이 책에 도움을 주신 분들

- 이 책은 여러 단체와 저작권자의 도움으로 만들어질 수 있었습니다. 소중한 자료의 사용을 허락해주셔서 다시 한번 감사드립니다.

- 이 책에 수록된 사진들은 대부분 적법한 절차를 밟아 원본 제공과 이용을 허락받았습니다. 그러나 일부 출처가 불명하거나 잘못 들어간 경우, 사실을 확인하는 대로 통상의 기준에 따라 승인 절차를 밟고 바로잡도록 하겠습니다.

- 소장처와 이미지 목록 모두 가나다순으로 실었습니다. 대부분 소장처에서 명시한 유물명으로 표기했으나 본문에 나오는 이미지의 이해를 돕기 위해 설명을 덧붙인 것도 있습니다.

– 고명진 사진작가

아! 나의 조국 사진

– 고려대학교 박물관

민영환의 명함 유서

– 국가기록원

만세 운동 사진

– 국립고궁박물관

영조 어진

– 국립중앙박물관

사도세자의 묘지명

세한도

송시열 초상화

윤증 초상화

이봉창 한인 애국단 선서문

이하응 초상(금관조복본)

전허난설헌필 작약도

- **국사편찬위원회**
  연행되는 이봉창
  양복을 입은 이봉창

- **김만덕기념관**
  김만덕 표준영정

- **덕수궁 중명전**
  을사늑약 문서

- **독립기념관**
  김마리아 사진
  이봉창의 태극기
  신채호 사진

- **동학농민혁명기념재단**
  3월 농민 봉기

- **문화연대**
  외규장각 반환 광고

- **문화재청**
  남동장벽 벽화
  서울 진관사 태극기
  초충도

- **백범기념관**
  백범 김구 사진

- **(사)항일독립선열선양단체연합**
  의열단 사진

- **서울대학교 규장각한국학연구원**
  홍경래진도

- **서울역사박물관**
  흥선 대원군 사진

- **서울역사아카이브**
  조선식산은행
  종로경찰서

- **연합뉴스**
  박병선 박사 인터뷰 사진
  직지심체요절

- **우승우 화백**
  사도세자

- **운보문화재단**
  세종 어진 정부표준영정

- **윤동주 기념관**
  윤동주 사진

- **제주특별자치도 세계유산본부**
  탐라순력도

- **한국은행**
  퇴계 이황 표준영정

- **한국학중앙연구원**
  기산풍속도/객주

한국사를 바꾼 질문들

일생일문

초판 1쇄 발행 2021년 11월 10일
초판 12쇄 발행 2024년 1월 29일

지은이 | 최태성
연구·검수 | 곽승연, 이상선, 김혜진(모두의 별★별 한국사)

발행인 | 박재호
주간 | 김선경
편집팀 | 강혜진, 허지희
마케팅팀 | 김용범
총무팀 | 김명숙

표지디자인 | 석운디자인
본문디자인 | 마인드윙
교정·교열 | 박성숙
띠지사진 | 곽승연
종이 | 세종페이퍼
인쇄·제본 | 한영문화사

발행처 | 생각정원
출판신고 | 제25100-2011-000320호
주소 | 서울시 마포구 양화로 156(동교동) LG팰리스 814호
전화 | 02-334-7932 팩스 | 02-334-7933
전자우편 | 3347932@gmail.com

ISBN 979-11-91360-23-3 (03900)